国家示范性中职院校工学结合一体化课程改革教材

Ershouche Xiaoshou Shiwu
二手车销售实务

广西交通技师学院	组织编审
陆向华	主　编
谢芳玲	副主编
李金潮	主　审
宋　婷	副主审

人民交通出版社股份有限公司
China Communications Press Co.,Ltd.

内 容 提 要

本书是国家示范性中职院校工学结合一体化课程改革教材,是按照"以工作过程为导向、以项目建设为载体"的教学模式,由广西交通技师学院组织本院专业教师编写而成的重点建设专业课程教材。本书知识点清晰,内容编排新颖,图文并茂,直观性强,通俗易懂。

本书内容包括:二手车交易流程、二手车鉴定评估、二手车鉴定及价值评估、二手车销售与评估咨询、二手车价格评估,共计5个单元。

本书供中等职业院校汽车类专业师生教学使用,也可供汽车维修行业相关技术人员学习参考。

图书在版编目(CIP)数据

二手车销售实务 / 陆向华主编. —北京:人民交通出版社股份有限公司,2015.3
国家示范性中职院校工学结合一体化课程改革教材
ISBN 978-7-114-11973-6

Ⅰ.①二… Ⅱ.①陆… Ⅲ.①汽车—销售—中等专业学校—教材 Ⅳ.①F766

中国版本图书馆 CIP 数据核字(2015)第 007894 号

国家示范性中职院校工学结合一体化课程改革教材

书　　名:	二手车销售实务
著 作 者:	陆向华
责任编辑:	闫东坡
出版发行:	人民交通出版社股份有限公司
地　　址:	(100011)北京市朝阳区安定门外外馆斜街 3 号
网　　址:	http://www.ccpress.com.cn
销售电话:	(010)59757973
总 经 销:	人民交通出版社股份有限公司发行部
经　　销:	各地新华书店
印　　刷:	北京市密东印刷有限公司
开　　本:	787×1092　1/16
印　　张:	10.75
字　　数:	216 千
版　　次:	2015 年 3 月　第 1 版
印　　次:	2020 年 10 月　第 2 次印刷
书　　号:	ISBN 978-7-114-11973-6
定　　价:	26.00 元

(有印刷、装订质量问题的图书由本公司负责调换)

国家示范性中职院校工学结合一体化课程改革教材编审委员会

主 任 委 员：罗　华　钟修仁

副主任委员：陆天云　关菲明　张健生　蒋　斌　谭劲涛
　　　　　　郑超文　赖　强　张　兵

委　　　员：樊海林　封桂炎　吴　红　李　毅　廖雄辉
　　　　　　杨　波　刘江华　梁　源　陆　佳　赖昭民
　　　　　　黄世叶　潘敏春　黄良奔　梁振华　周茂杰
　　　　　　韦军新　陆向华　谢毅松

丛 书 主 编：郑超文

丛 书 主 审：陆向华

本 书 主 编：陆向华

本 书 副 主 编：谢芳玲

本 书 主 审：李金潮

本 书 副 主 审：宋　婷

前 言

随着我国汽车产业的迅速发展,汽车保有量快速攀升,汽车后市场空前繁荣,汽车维修行业面临机遇和挑战。目前,汽车维修行业专业人才紧缺现象日益突出,从业人员文化水平、业务知识、操作技能、环保意识、道德素养等方面亟待提高,迫切需要加强学习能力培养和职业技能训练。为此,广西交通技师学院在国家级中等职业教育改革发展示范学校建设过程中,依托校企合作、工学结合,根据汽车检测与维修、汽车钣金技术、汽车营销、物流管理四个重点建设专业培养方案,组织编写了这套国家示范性中职院校工学结合一体化课程改革教材。

本套教材由广西交通技师学院组织,通过校企合作的形式编写,是学校与保时捷、丰田、大众、现代等汽车公司以及北京史宾尼斯机电设备有限公司、北京运华天地科技有限公司深度校企合作成果的展示。在教材编写过程中,充分调研市场,认真总结课程改革与专业教学经验,按照"工学结合四对接"(学习过程对接工作过程、专业课程对接工作任务、课程内容对接岗位标准、顶岗实习对接就业岗位)的人才培养机制,以及"产训结合,能力递进"的人才培养模式;基于学校专业人才培养方案、教学过程监控与考核评价体系,兼顾企业典型工作项目、技术培训内容,贯穿企业"7S"(整理、整顿、清扫、清洁、素养、安全和节约)管理模式;从汽车维修企业岗位需求出发,相应组织和调整教材内容,力争体现汽车专业新知识、新技术、新工艺及新方法,满足培养学生成为"与企业零接轨、能力持续发展的高技能人才"的教学需要。

本套教材是广西交通技师学院重点建设专业课程改革教材,共计4个子系列、13种教材,包含了汽车检测与维修专业7种教材:《汽车检测与维修技术(初级学习领域一)》、《汽车检测与维修技术(初级学习领域二)》、《汽车检测与维修技术(中级学习领域一)》、《汽车检测与维修技术(中级学习领域二)》、《汽车检测与维修技术(高级学习领域一)》、《汽车检测与维修技术(高级学习领域二)》、《汽车电学基础》,汽车钣金技术专业2种教材:《汽车车身修复基础》、《汽车车身修复技术》,汽车营销专业2种教材:《二手车销售实务》、《汽车商务口语》,物流管理专业2种教材:《仓储与配送》、《运输实务管理》。教材内容编排新颖,知识点清晰,图文并茂,直观性强,通俗易懂。这些教材分则独立成卷,合则融为整体,主要供中等职业院校汽车类专业教学使用,也可供汽车维修行业相关技术人员学习参考用。

  本书是《二手车销售实务》，由广西交通技师学院汽车营销专业教师编写，其中：钟岳编写单元1之学习任务1、谢芳玲编写单元1之学习任务2，谢芳玲编写单元2之学习任务1和学习任务2、谭绍锋编写单元2之学习任务3，宋婷编写单元3之学习任务1和学习任务2、梁丽丽编写单元3之学习任务3和学习任务4、李金潮编写单元3之学习任务5和学习任务6，陆向华编写单元4、单元5，全书由陆向华担任主编，谢芳玲担任副主编，李金潮担任主审，宋婷担任副主审。

  本套教材编写还得到了中国汽车工程学会汽车运用与服务分会、南宁市汽车维修企业以及其他兄弟院校的支持与帮助，在此致以诚挚的谢意！由于时间仓促，加之我们的经验和学识方面的欠缺，书中难免存在着诸多不足之处，恳请从事职业教育理论研究和汽车相关专业教学的各位同仁不吝赐教、代为斧正，我们期待着你们对我们不懈追求的支持，也诚望大家批评和指正。

教材编审委员会
2014 年 9 月

目　　录

单元 1　二手车交易流程 ··· 1
　　学习任务 1　二手车交易基础流程 ·· 2
　　学习任务 2　二手车置换流程 ·· 14

单元 2　二手车鉴定评估 ··· 23
　　学习任务 1　核查机动车主要证件 ·· 24
　　学习任务 2　核查机动车各种税费单据 ··· 35
　　学习任务 3　识伪检查 ··· 44
　　学习任务 4　判别事故车 ·· 51

单元 3　二手车鉴定及价值评估 ··· 63
　　学习任务 1　车身外观检查评估 ·· 64
　　学习任务 2　发动机舱检查评估 ·· 81
　　学习任务 3　驾驶舱检查 ·· 98
　　学习任务 4　起动检查 ·· 106
　　学习任务 5　路试检查 ·· 115
　　学习任务 6　底盘检查 ·· 128

单元 4　二手车销售与评估咨询 ··· 141
　　学习任务　　二手车销售与评估咨询 ·· 141

单元 5　二手车价格评估 ··· 149
　　学习任务 1　重置成本估算法——贬值计算方式 ································· 150
　　学习任务 2　重置成本估算法——成新率计算方式 ······························ 155

参考文献 ·· 162

单元1 二手车交易流程

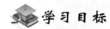

学习目标

⭐ **知识目标**

1. 熟记二手车交易基础流程中的工作内容与要求。
2. 熟记二手车置换流程每个环节的工作内容与要求。
3. 牢记国家"旧机动车交易管理办法"规定不能交易的9种机动车类型。
4. 了解二手车交易中买卖双方签署的评估文件和合同的法律效力和意义。

⭐ **技能目标**

1. 能够叙述二手车交易基础流程。
2. 能够叙述二手车置换流程。
3. 能够熟悉目前市场上用户保有量较多的车型的性能、价格等信息,能为买方推荐合适的车型。

随着经济的快速发展和国内汽车市场的日渐繁荣,汽车市场尤其是新车市场越来越透明,越来越多的消费者发现,与其挑选省钱空间越来越小的新车倒不如买辆二手车来得实惠。二手车交易流程与传统的新车交易选车、付款、提车、办理车务手续相差不大。二手车交易流程一般为验车、评估、签订二手车买卖协议、办理车务手续等步骤。

对于卖主来说,首先是找到一家有营业执照且信誉较好的二手车交易公司,达成买卖意向之后,带上自己和车辆的各种证件,去二手车市场的车辆检测点进行证件的检查,在完成检查之后,要领好发动机号和车架钢印的拓本,以备将来过户时候使用。在整个二手车的置换过程中,二手车的评估是最为重要的环节,因为评估结果将直接决定你的旧车能否上市交易。评估结束之后需要由工商部门进行审核,开具证明,一切办妥之后就可以结算过户了。二手车买卖过户需要两次:先由卖主把车按规定过户给经纪公司,过户后至找到买主期间,车辆暂时属于二手车交易公司所有。这样既免除了卖主改变主意导致二手车公司信誉受损的情况发生,也使得公司掌握了车辆的主动权。找到买主之后,再由二手车交易公司将车过户给买主。

二手车市场如图1-1所示。

图1-1 二手车市场

学习任务1 二手车交易基础流程

任务描述

李先生想购买一辆本公司二手日产骐达轿车,经过各项检测评估,李先生对该车的各项性能表示很满意,但迟迟未能完成交易。经了解,李先生的疑虑主要是不了解二手车交易流程,担心交易过程中上当受骗,请你为李先生说明二手车交易的基本流程,解除李先生的疑虑。

学习准备

一、知识准备

(1)二手车基础交易流程(参阅本学习任务的学习参考资料);

(2)二手车基础交易流程每一环节的具体内容(参阅本学习任务的学习参考资料)。

二、工作场所

一体化教室。

三、工作器材

一套桌椅及相关文字资料。

计划与实施

（1）教师对基础流程的每项步骤进行讲解。

（2）在教师的指引下，以小组为单位学习相关知识，熟记相关流程，对流程的每项内容进行准确描述，并能进行情景模拟训练。

①小组学习，查阅参考资料，熟记相关流程，对流程每项内容进行准确描述（表 1-1）。

学习项目及检查记录表　　　　　　　　　　　　　　表 1-1

项　目	项目负责人	情况检查记录	执行步骤
车辆交易全流程			
车辆查验			
车辆评估			
车辆交易			
初审受理			
资料传送			
收费发还			
资料回送			
转出调档			
过户制证			

②完成本工作任务需要扮演哪些角色？这些角色的分工如何安排？请小组讨论后组长填写任务分工表（表 1-2）。

任　务　分　工　表　　　　　　　　　　　　　　表 1-2

姓　　名	角色名称	工作内容	所需工具

③小组按照工作步骤演练任务，并进行角色轮换。

 评价与反馈

一、学习效果评价

1. 知识考核（选择题）

（1）我国法律规定，二手车交易属于产权交易范围，需要到（　　）的交易中心进行。

　　A. 地方　　　　　B. 国家指定　　　　C. 政府指定　　　　D. 车管所

（2）二手车经过查验和评估后,需要原车主对其车辆的一些其他事宜(　　)作出一个书面承诺。

  A.使用年限   B.行驶里程数

  C.安全隐患   D.有无违章记录

（3）跑（送）单人员将转出（转籍）的有关证件、材料和号牌送达车辆管理所档案部门,(　　)对送达的转出材料和证件进行复核。

  A.警官   B.服务接待员

  C.客服人员   D.后勤

（4）纸质材料整理、装订后,与(　　)（副表）等相关证件一起,由跑（送）单人员回送相应的代理交易市场。

  A.《机动车注册》   B.《机动车行驶证》

  C.《转入登记表》   D.《机动车注册/转入登记表》

2.技能考核

例如:顾客王女士看中一款二手车,对交易流程一知半解,请你就二手车交易基础流程作一简单介绍,并对流程中的某一环节(抽签)作详细介绍,然后填写表1-3。

学生实践记录表　　　　　　　　　　　　　　　　表1-3

班级		汽车品牌	
姓名		汽车车型	
学号		使用年限	
实践项目		实践设备	
介绍项目			
介绍要点			
顾客反应			
自我评价	良好□　合格□　不合格□		
教师评价	良好□　合格□　不合格□ 教师姓名：　　　　　　　　　　　　年　月　日		

二、学习过程评价

在完成本单元所有学习任务后,通过小组会的形式进行总结和思考(表1-4)。

学习过程评价反馈表　　　　　　　　　表1-4

序号	评价项目	学习任务的完成情况	签名
1	工作页的填写情况		
2	独立完成的任务		
3	小组合作完成的任务		
4	教师指导下完成的任务		
5	是否达到了学习目标,特别是能否独立完成服务接待,终检项目的叙述,操作步骤是否完整		
6	存在的问题及建议		

学习参考资料

二手车交易基本流程如图1-2所示。

一、不能交易的车辆

按照国家"旧机动车交易管理办法"的有关规定,有9种机动车是不能交易的。

图1-2　二手车交易基本流程

(1)已办理了报废手续的各类机动车。

(2)虽未办理报废手续,但已达到报废标准或在1年时间内即将报废的各类机动车。

(3)未经安全检测和质量检测的各类机动车。

(4)证件手续不齐全的各类旧机动车。

(5)各种盗窃车、走私车。

(6)各种非法拼装车、组装车。

(7)国产、进口和进口件非法组装的各类新机动车。

(8)右转向盘的旧机动车。

(9)国家法律、法规禁止进入经营领域的其他各类机动车。

二、车辆查验

车辆查验如图1-3所示。

在驻场警官的监管下,按交易类别对车辆安全行驶性进行检测,确保交易车辆的安全性能。一般来说,车辆查验从软硬两个指标入手,硬指标包括车辆的原价值、折旧率、品牌溢价能力、发动机有无维修记录、行驶里程、车辆外观检测等;软指标包括车辆手续、违章事故处理记录、车辆保险续期日、车辆使用权有无第三方纠纷等。可以说,评估和查验二手车需要一整套完善的车辆生产、使用、销售的综合评价体系。

图1-3 车辆查验

同时由交易市场委派经过验车培训的工作人员,协助警官展开交易车辆查验工作,在车辆年检有效期内,查验车辆识别代码(发动机号、车架号)的钢印是否有凿改的情况,与其拓印是否一致;查验车辆颜色与车身装置是否与行驶证一致。如一切正常,则在《机动车登记业务流程记录单》上盖章,并在发动机号、车架号的拓印上加盖骑缝章。

三、车辆评估

我国法律规定,二手车交易属于产权交易范围,需要到国家指定的交易中心进行。因此,验完车后,就可以在二手车市场内找专业的评估师对车辆进行一次全面的评估,并根据车辆的使用年限(已使用年限)、行驶里程数、总体车况和事故记录等进行系统的勘察和评估,折算车辆的成新率等,再按照该车的市场销售状况,提出基本参考价格,通过计算机系统运算,并打印"车辆评估书",由评估机构的评估师签章后生效,作为车辆交易的参考和依法纳税的依据之一。

《旧机动车鉴定评估报告书》范文见附件一。

四、车辆交易

二手车经过查验和评估后,其车辆的真实性和基本价格有一个基本保障,同时需要原车主对其车辆的一些其他事宜(使用年限、行驶里程数、安全隐患、有无违章记录等)作出书面承诺。经营(经纪)公司可以对该车进行出售或寄售,与客户谈妥后,收取相应的证件和材料,开具相应的发票,签署经营(经纪)合同,整理后送办证初审窗口。

(1)作为卖方需要的证件和材料有:行驶证,机动车登记证书,车辆购置附加费证,保险单(即使保险过期也应该提供的,主要是为了新车主接下来保险时的车船税向保险公司提供依据,如果保险过期却无法提供过期保险单,买方需做好买双份车船税的风险,具体可以咨询保险公司的业务员),车主的身份证复印件,最后要保证汽车无违法记录,有的话提前处理。

(2)作为买方需要的证件有:上牌时的身份证,外地人如果上本地牌照的需提供暂住证(暂住证上的身份信息必须和身份证上一致,特别是身份证的户籍地址和暂住证上的户籍地址要一字不差),有对不上的找暂住证开具的派出所更正。

五、初审受理

由二手车交易市场派驻各经营公司的专业业务受理工作人员,针对各经营(经纪)

公司或客户送达的车辆牌证和手续材料,初审其真实性、有效性及单据填写的准确性,合格后,打印操作流水号和代办单,经工商行政管理部门验证盖章,将有关材料整理装袋,准备送达相应的办证地点。

初审材料应注意以下事项。

1. 验车项

(1) 车辆入位照相。

(2) 查看行车证原件,须在年检有效期内,再验车检查(车架号、发动机号、车牌号)。

(3) 根据车检情况,填写验车单。

(4) 车辆迁往外地时,由验车组审核材料、发放《外迁车辆保证书》,并办理外迁相关手续。

2. 初审项

(1) 查违章。卖方有违章没有处理时,经买卖双方同意后,填写《证明》由买方签字、按手印。

(2) 丢失购车发票,由工商认证窗口发放《承诺书》,审查签字后再到初审窗口进行审核材料。

(3) 卖方不到现场时,必须持有卖方身份证原件和卖方签字、按手印的《委托书》审核原件(验车单、买卖双方签订合同,如有一方是单位时合同加盖公章)。

(4) 双方或三方身份证、购车发票、机动车登记证、车辆行驶证、企业组织机构代码证原件是否在有效期内及复印件加盖公章等相关材料。

3. 复印项

(1) 复印材料一套(包括合同1份,买卖双方身份证、购车发票、机动车登记证、车辆行驶证、企业组织机构代码证各1份)。

(2) 再次复审原材料后,把原材料和复印件转下一程序(过户受理)。

4. 外地买车人情况

外地人买车必须持有效暂住证和身份证原件。

5. 购车发票丢失情况

(1) 在2010年办理二手车过户手续时,2005年前开的发票没有加盖工商认证章的,必须本人到现场,到工商认证窗口办理审核手续,并填写《承诺书》或到补办发票处补办发票。

(2) 在2011年办理二手车过户手续时,2006年前开的发票没有加盖工商认证章的,必须本人到现场,到工商认证窗口办理审核手续,并填写《承诺书》或到补办发票处补办发票。根据年限以此类推。

6. 单位方过户情况

(1) 买、卖单位双方,组织机构代码证必须在有效期内及复印件加盖公章,合同加盖公章方可使用。

(2) 卖方是单位时,如企业已破产,必须持有破产相关证明,企业组织机构代码证必须在有效期内及复印件加盖公章,合同加盖公章方可使用。卖方是单位时,经办人必须提供单位《委托书》加盖公章及委托人的身份证原件。

7. 二手车办理过户手续注意情况

(1)二手车年检过期不能办理过户手续,补办车辆年检后才能办理过户。

(2)报废或已经达到国家强制报废标准的车辆不能办理过户。

(3)法院、检察院、行政执法部门依法查封、扣押的车辆,或已解除查封、扣押的车辆,但在车辆管理部门未办理完毕相关手续的车辆,不能办理过户。

(4)通过盗抢、抢劫、诈骗等违法犯罪手段获得的车辆,不能办理过户。

(5)发动机号码、车架号,以及车主其他有效证件与机动车登记证号码不符,或有私自改动痕迹的车辆,不能办理过户。

(6)走私、未经批准擅自拼装、改装、改型或变更传动方式、载质量、成员人数的车辆,不能办理过户。

(7)车辆非现场处罚未解除的车辆,年检有效期外,或不能提供合法有效证明、证件的车辆,不能办理过户。

(8)其他法律、法规禁止过户的车辆,不能办理过户。

8. 换发票情况

(1)买、卖双方身份证原件及复印件,要求卖方到场。

(2)委托人身份证原件及复印件,并填写委托书,由卖方签字、按手印;委托人签字、按手印。

(3)必须查看违章。

(4)卖方人身份证没有原件,只有身份证复印件,卖方没有到场,不能换发票。

9. 过户受理项

(1)接到材料后,用身份证识别仪,对身份证进行有效识别真假无疑问后,审核材料,再将基础资料输入电脑。

(2)基础资料输入电脑后,资料无疑问正常,打印发票。

10. 工商认证项

(1)审核材料原件和国税发票。

(2)在国税发票上加盖工商认证章。

11. 收费、领手续项

(1)打印地税发票。

(2)根据发票金额收取过户费。

(3)按号叫领手续。

六、材料传送

由二手车交易市场指定的专业跑(送)单人员,核对材料,贴上封条,签署《材料交接表》并签章,将办证材料及时、安全地送达相应的办证地点。

七、收费发还

各交易市场的办证窗口收到材料经核对无误后,对所需支付的费用逐一进行汇总计算,打印发票,向委托办理的经营(经纪)公司和客户收取费用(凭代办单上的流水号),核实代办单后,发还证照和材料。

八、材料回送

经驻场警察复核后,换发机动车行驶证及《机动车注册/转入登记表》(副表)和有关证件;或经车辆管理所档案部门警察复核后,调出"机动车档案"和"机动车临时号牌"以及相关的证件,整理后送各代理交易市场的办证窗口,并由驻场牌证、材料接收人员签好《材料交接表》。

九、转出调档

跑(送)单人员将转出(转籍)的有关证件、材料和号牌送达车辆管理所档案部门,由警察对送达的转出材料和证件进行复核。确认无误后,收缴机动车号牌,并相应在《机动车登记业务流程记录单》上录入姓名,签注《机动车登记证书》,将档案室内的纸质材料整理后装袋封口,并在计算机网络中录入"转出"状态,传递至全国公安交通管理信息系统中,其"机动车档案"和"机动车临时号牌"将由跑(送)单人员返送至各代理交易市场内。

十、过户制证

驻场警察对送达的办证材料根据计算机车档库进行对比查询,并对纸质材料进行复核,确认无误后,在《机动车登记业务流程记录单》上录上复核人员的姓名,签注《机动车登记证书》,由市场工作人员按岗位的程序进行机动车行驶证的打印、切割、塑封,并录入相应操作岗位的人员姓名。纸质材料整理、装订后,与机动车行驶证、《机动车注册/转入登记表》(副表)等相关证件一起,由跑(送)单人员回送相应的代理交易市场。

附件一 旧机动车鉴定评估报告书

××××鉴定评估机构评报字(200)第××号

一、绪言

××(鉴定评估机构)接受××××的委托,根据国家有关资产评估的规定,本着客观、独立、公正、科学的原则,按照公认的资产评估方法,对××××(车辆)进行了解评估。本机构鉴定评估人员按照必要的程序,对委托鉴定评估车辆进行了实地查勘与市场调查,并对其在××××年××月××日所表现的市场价值作出了公允反映。现将车辆评估情况及鉴定评估结果报告如下。

二、委托方与车辆所有方简介

委托方××××,委托方联系人××××,联系电话:×××××。

根据机动车行驶证所示,委托车辆车主×××。

三、评估目的

根据委托方的要求,本项目评估目的:

□交易　□转籍　□拍卖　□置换　□抵押　□担保　□咨询　□司法裁决

四、评估对象

评估车辆的厂牌型号(　　　　　　);车牌号码(　　　　　　);

发动机号(　　　　　　);车辆识别代号/车架号(　　　　　　);

登记日期(　　　　　　);年审检验合格至＿＿＿＿年＿＿＿＿月;

公路规费交至＿＿＿＿年＿＿＿＿月;购置附加税(费)证(　　　　　　);

车辆船使用税(　　　　　　)。

五、鉴定评估基准日

鉴定评估基准日　　年　　月　　日。

六、评估原则

严格遵循"客观性、独立性、公正性、科学性"原则。

七、评估依据

1. 行为依据

机动车鉴定评估委托书(　　)号。

2. 法律、法规依据

(1)《国有资产评估管理办法》(国务院令第91号)。

(2)《摩托车报废标准暂行规定》(国家经贸委等部门令第33号)。

(3)原国家国有资产管理局《关于印发〈国有资产评估管理办法施行细则〉的通知》(国资办发〔1992〕36号)。

(4)原国家国有资产管理局《关于转发〈资产评估操作规范意见(试行)〉的通知》(国资办发〔1996〕32号)。

(5)国家经贸委等部门《汽车报废标准》(国资办发〔1997〕456号)、《关于调整汽车报废标准若干规定的通知》(国经贸资源〔2000〕1202号)、《农用运输车报废标准》(国经贸资源〔2001〕234号)等。

(6)其他相关的法律、法规等。

3. 产权依据

委托鉴定评估车辆的机动车登记证书编号。

4. 评定及取价依据

技术标准资料:

技术参数资料:

技术鉴定资料:

其他资料：

八、评估方法
□重置成本法　　□现行市价法　　□收益现值法　　□其他

九、评估过程
按照接受委托、验证、现场勘察、评定估算、提交报告的程序进行。

十、评估结论
车辆评估价格　　　元,金额大写：

十一、特别事项说明

十二、评估报告法律效力

（1）本项评估结论有效期为90天,自评估基准日至　年　月　日止。

（2）当评估目的在有效期内实现时,本评估结果作为作价参考依据。超过90天,需重新评估。另外在评估有效期内若被评估车辆的市场价格或因交通事故等原因导致车辆的价格变化,对车辆评估结果产生明显影响时,委托方也需重新委托评估机构重新评估。

鉴定评估报告书的使用权归委托方所有,其评估结论仅供委托方为本项评估目的使用和送交旧机动车鉴定评估主管机关审查使用,不适用于其他目的。因使用本报告书不当而产生的任何后果与签署报告的鉴定估价师无关。未经委托方许可,本鉴定评估机构承诺不将报告书的内容向他人提供或公开。

附件：

（1）旧机动车鉴定评估委托书。

（2）旧机动车鉴定评估作业表。

（3）车辆行驶证、购置附加税(费)证复印件。

（4）鉴定估价师职业资格证书复印件。

（5）鉴定评估机构营业执照复印件。

（6）旧机动车照片(要求外观清新,车辆牌照能够辨认)。

注册旧机动车鉴定估价师：　　　　　　复核人：
　　（签字、盖章）　　　　　　　　　　（签字、盖章）
　　　　　　　　　　　　　　（旧机动车鉴定评估机构盖章）　　年　月　日

附件二　二手车买卖合同范本

国家工商行政管理总局制定

使 用 说 明

（1）本合同文本是依据《中华人民共和国合同法》、《二手车流通管理办法》等有关法律、法规和规章制定的示范文本,供当事人约定使用。

（2）本合同所称二手车，是指从办理完注册登记手续到达到国家强制报废标准之前进行交易并转移所有权的汽车（包括三轮汽车、低速载货汽车，即原农用运输车）、挂车和摩托车。

（3）本合同签订前，买卖双方应充分了解合同的相关内容。卖方应向买方提供车辆的使用、修理、事故、检验以及是否办理抵押登记、缴纳税费、报废期等真实情况和信息；买方应了解、查验车辆的状况。

（4）双方当事人应结合具体情况选择本合同协议条款中所提供的选择项，空格处应以文字形式填写完整。

（5）本合同"其他约定"条款，供双方当事人自行约定。

（6）本合同示范文本由国家工商行政管理总局负责解释，并在全国范围内推行使用。

二手车买卖合同

合同编号：_____

卖方：_____

住所：_____ 法定代表人：_____

（如为自然人）身份证号码：_____

电话号码：_____

买方：_____

住所：_____ 法定代表人：_____

（如为自然人）身份证号码：_____

电话号码：_____

根据《中华人民共和国合同法》、《二手车流通管理办法》等有关法律、法规、规章的规定，就二手车的买卖事宜，买卖双方在平等、自愿、协商一致的基础上签订本合同。

第一条 车辆基本情况

（1）车主名称：_____；车牌号码：_____；厂牌型号：_____。

（2）车辆状况说明见附件一。

（3）车辆相关凭证见附件二。

第二条 车辆价款、过户手续费及支付时间、方式

（1）车辆价款及过户手续费_____。

本车价款（不含税费或其他费用）为人民币：_____元（小写：_____元）。

过户手续费（包含税费）为人民币：_____元（小写：_____元）。

(2)支付时间、方式。

待本车过户、转籍手续办理完成后_____个工作日内,买方向卖方支付本车价款(采用分期付款方式的可另行约定)。

过户手续费由_____方承担。_____方应于本合同签订之日起_____个工作日内,将过户手续费支付给双方约定的过户手续办理方。

第三条 车辆的过户、交付及风险承担

_____方应于本合同签订之日起_____个工作日内,将办理本车过户、转籍手续所需的一切有关证件、资料的原件及复印件交给_____方,该方为过户手续办理方。

卖方应于本车过户、转籍手续办理完成后_____个工作日内在_____(地点)向买方交付车辆及相关凭证(见附件一)。

在车辆交付买方之前所发生的所有风险由卖方承担和负责处理;在车辆交付买方之后所发生的所有风险由买方承担和负责处理。

第四条 双方的权利和义务

(1)卖方应按照合同约定的时间、地点向买方交付车辆。
(2)卖方应保证合法享有车辆的所有权或处置权。
(3)卖方保证所出示及提供的与车辆有关的一切证件、证明及信息合法、真实、有效。
(4)买方应按照合同约定支付价款。
(5)对转出本地的车辆,买方应了解、确认车辆能在转入所在地办理转入手续。

第五条 违约责任

(1)卖方向买方提供的有关车辆信息不真实,买方有权要求卖方赔偿因此造成的损失。
(2)卖方未按合同的约定将本车及其相关凭证交付买方的,逾期每日按本车价款总额的_____%向买方支付违约金。
(3)买方未按照合同约定支付本车价款的,逾期每日按本车价款总额_____%向卖方支付违约金。
(4)因卖方原因致使车辆不能办理过户、转籍手续的,买方有权要求卖方返还车辆价款并承担一切损失;因买方原因致使车辆不能办理过户、转籍手续的,卖方有权要求买方返还车辆并承担一切损失。
(5)任何一方违反合同约定的,均应赔偿由此给对方造成的损失。

第六条 合同争议的解决方式

因本合同发生的争议,由当事人协商或调解解决;协商或调解不成的,按下列第_____种方式解决:

(1)提交_____仲裁委员会仲裁。
(2)依法向人民法院起诉。

第七条 合同的生效

本合同一式＿＿＿＿＿＿＿份,经双方当事人签字或盖章之日起生效。

第八条　其他约定

附件一　车辆状况说明书(车辆信息表)。
附件二　车辆相关凭证。
(1)《机动车登记证书》。
(2)《机动车行驶证》。
(3)有效的机动车安全技术检验合格标志。
(4)车辆购置税完税证明。
(5)车船使用税缴付凭证。
(6)车辆养路费缴付凭证。
(7)车辆保险单。
(8)购车发票。

卖方:＿＿＿＿＿＿＿＿＿＿＿＿＿(签章)　　卖方开户银行:＿＿＿＿＿＿＿＿＿＿＿
　　　　　　　　　　　　　　　　　　　　　账号:＿＿＿＿＿＿＿＿＿＿＿＿＿＿＿＿
　　　　　　　　　　　　　　　　　　　　　户名:＿＿＿＿＿＿＿＿＿＿＿＿＿＿＿＿

买方:＿＿＿＿＿＿＿＿＿＿＿＿＿(签章)　　买方开户银行:＿＿＿＿＿＿＿＿＿＿＿
　　　　　　　　　　　　　　　　　　　　　账号:＿＿＿＿＿＿＿＿＿＿＿＿＿＿＿＿
　　　　　　　　　　　　　　　　　　　　　户名:＿＿＿＿＿＿＿＿＿＿＿＿＿＿＿＿

签订地点:＿＿＿＿＿＿＿＿＿＿＿＿＿＿＿＿＿
签订日期:＿＿＿＿年＿＿＿＿月＿＿＿＿日

学习任务2　二手车置换流程

任务描述

张先生有一款2010年日产旧款骐达轿车,该车行驶了6万多公里,外观前后保险杠处有轻微刮痕,其他零部件等齐备完好,内饰无破损,定期4S店维护。张先生想置换日产新款天籁轿车,但不了解二手车置换流程,请你为他解释二手车置换流程。

建议学时:4学时。

学习准备

一、知识准备

(1)二手车置换全流程(参阅本学习任务的学习参考资料);
(2)二手车置换流程每一环节的具体事项(参阅本学习任务的学习参考资料);

(3)车辆置换需要带什么证件(参阅本学习任务的学习参考资料);

(4)车辆置换的前提条件(参阅本学习任务的学习参考资料)。

二、工作场所

一体化教室。

三、工作器材

一套桌椅、相关文字资料、一辆实训车。

 计划与实施

(1)教师对二手车置换流程每项步骤进行讲解。

(2)在教师的指引下,以小组为单位学习相关知识,熟记相关流程,对流程每项内容进行准确描述,并能进行情景模拟训练。

①小组学习,查阅学习参考资料,熟记相关流程,对流程每项内容进行准确描述(表1-5)。

学习项目及检查记录表　　　　　表1-5

学 习 项 目	学习项目负责人	学习情况检查记录	执 行 步 骤
二手车置换全流程			
与客户初次沟通			
汽车评估定价			
推介新车			
签订购销协议及置换协议			
价格结算			
二手车过户			

②完成这个工作任务需要扮演哪些角色?这些角色的分工如何安排?请小组讨论后组长填写任务分工表(表1-6)。

任 务 分 工 表　　　　　表1-6

姓　　名	角色名称	工 作 内 容	所 需 工 具

③小组按照工作步骤演练任务,并进行角色轮换。

评价与反馈

一、学习效果评价

1. 知识考核（选择题）

（1）顾客通过电话或直接到汽车置换授权经销商处进行咨询，也可以在汽车置换授权经销商的（　　）进行置换登记。

  A. 网站　　　　B. 门店　　　　C. 促销点　　　　D. 报刊

（2）汽车置换授权经销商（　　）陪同选订新车。

  A. 服务顾问　　B. 维修技师　　C. 销售顾问　　D. 总经理

（3）顾客如需贷款购置新车，则置换旧车的钱款作为新车的（　　），汽车置换授权经销商为顾客办理购车（　　），提供因汽车消费信贷所产生的资信（　　），并建立（　　）数据库。

  A. 贷款手续　　B. 首付款　　　C. 个人资信　　D. 管理服务

（4）汽车置换授权（　　）为顾客提供全程后续服务。

  A. 代理商　　　B. 企业　　　　C. 经销商　　　D. 销售顾问

2. 技能考核

顾客李女士想用自己开的本田飞度轿车置换别克轿车新车，对置换流程一知半解，请你就二手车置换流程作一简单介绍，并对流程中的某一环节（抽签）作详细介绍，然后填写表1-7。

学生实践记录表　　　　　　　　　　　　　　　　　　　　　　　　　表1-7

班级		汽车品牌	
姓名		汽车车型	
学号		使用年限	
实践项目		实践设备	
介绍项目			
介绍要点			
顾客反应			
自我评价	良好□　　合格□　　不合格□		
教师评价	良好□　　合格□　　不合格□ 教师姓名：　　　　　　　　　　　　年　月　日		

二、学习过程评价

在完成本单元所有学习任务后,通过小组会的形式进行总结和思考(表1-8)。

学习过程评价反馈表　　　　　　　　　　表1-8

序号	评 价 项 目	学习任务的完成情况	签　　名
1	工作页的填写情况		
2	独立完成的任务		
3	小组合作完成的任务		
4	教师指导下完成的任务		
5	是否达到了学习目标,特别是能否独立完成服务接待,终检项目的叙述,操作步骤是否完整		
6	存在的问题及建议		

学习参考资料

以前说到购买二手车,是普通家庭不敢想象的事情,但是随着汽车更新换代的加快,二手车置换成了消费者的首选渠道。不过,在二手车置换时,消费者对二手车市场还是有所顾虑,最终会选择到相关的4S店进行二手车置换。

一、什么是二手车置换

所谓二手车置换,就是消费者用二手车的残余价值折抵一部分新车的车款从品牌4S店处购买新车的业务。由于4S店具备良好的信誉,能够给进行置换业务的消费者带来信任感和更加透明、安全和便利的服务,所以,现在越来越多想置换新车的消费者都会选择这项业务。在置换业务中,要综合考虑新旧车价格才能真正得到实惠。在置换过程中,消费者除了要关注新车的品牌、性价比、质量外,还要关注自己二手车的价格,但这个价格应该包括旧车价格及新车价格两个方面。而最方便的是4S店的置换一条龙服务,充分地解决了消费者在换车过程中办理各种手续的烦恼。二手车置换业务之所以在各个城市都得到了不同程度的发展,是因为其具有两方面比较显著的特点:一是方便省心、价格实惠,二是品牌二手车质量担保。

二、办理二手车置换流程

二手车置换包括旧车出售和新车购买两个环节。不同的汽车置换授权经销商对汽车置换流程的规定不完全一样,国内一般汽车置换程序如下:

(1)顾客通过电话或直接到汽车置换授权经销商处进行咨询,也可以在汽车置换授权经销商的网站进行置换登记。

①二手车评估师如何做好电话应对。

a. 电话中应向顾客传递的信息。

b. 电话中必须了解的顾客信息。

c. 如何应对电话中的价格咨询。

d. 如何邀约顾客来店。

e. 信息记录与传递。

②二手车如何做好展厅接待。

a. 如何应对销售顾问引荐来的顾客。

b. 如何与顾客建立良好的初期关系。

c. 初次评估之前如何赢得顾客信任。

d. 初次评估之前应了解哪些基本信息。

（2）汽车评估定价。将车辆开到汽车置换授权经销商门店，也可以电话预约汽车置换经销商的工作人员上门进行评估。评估师会根据二手车查定标准流程进行车辆查定，以东风日产二手车查定标准为例，每辆车至少转四圈，大概用时 20min，然后在评估表上进行记录（评估表是日产全球通用的）。具体查定细节如图 1-4 所示，旧车评估如图 1-5 所示。

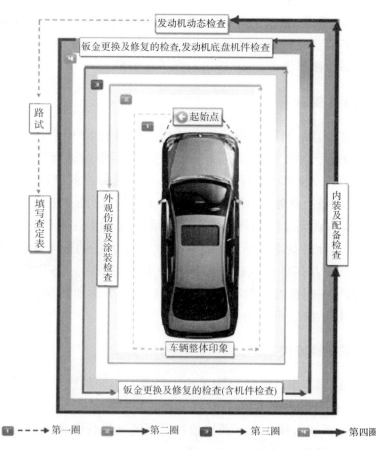

图 1-4　东风日产二手车置换评估流程图

（3）汽车置换授权经销商销售顾问陪同选订新车（图1-6）。

图1-5　旧车评估

图1-6　推介新车

新车销售顾问在谈判前后，应该如何与评估师配合？

①在谈判前，新车销售顾问应该将二手车的信息、车主置换意向、喜好程度、预定交车时间及客户的心理预期等告诉评估师，并从评估师处了解到该二手车的实际收购价格范围。

②在谈判中，如果是打包销售，评估师直接将二手车底价报给新车销售顾问就好了，由新车销售顾问统一打包谈判；如果是非打包销售，就由销售顾问配合评估师，扮演红白脸的方式，来和客户做进一步的谈判，通过默契的配合来促成交易。

③谈判结束后，如果成交，就由新车销售顾问负责新车交接，评估师负责旧车交接，如果未成交，就由新车销售顾问负责统一追踪，有情况随时与评估师保持联系。

（4）签订旧车购销协议以及置换协议。

旧车购销协议见学习单元一学习任务1的学习参考资料附件。

置换协议见本学习任务的学习参考资料附件一。

（5）置换旧车的车款直接冲抵新车的车款，顾客补足新车差价后，办理提车手续，或由汽车置换授权经销商的销售顾问协助在指定的经销商处提取所订车辆，汽车置换授权经销商提供一条龙服务。如果旧车贷款尚未还清，可由经销商垫付还清贷款，款项计入新车需交款（图1-7）。

（6）顾客如需贷款购新车，则置换旧车的车款作为新车的首付款，汽车置换授权经销商为顾客办理购车贷款手续，提供因汽车消费信贷所产生的资信管理服务，并建立个人资信数据库。

图1-7　购车方案洽谈

（7）汽车置换授权经销商办理旧车过户手续，顾客提供必要的协助和材料。

目前各大4S店启动的二手车置换业务，依托自身品牌专卖店的优势，整个置换过程实行一条龙代办服务,实现轻松愉快、安全可靠的购销过程,大大节省了车主出售旧车所需要花费的时间、精力和费用。二手车过户手续十分复杂,稍有遗漏日后很容易引起纠纷。对于车主来讲,无论旧车过户手续还是新车上牌手续,都是由4S店负责办理,省去了车主办理各种烦琐复杂手续的烦恼。车主只需要补齐其中的差价即可。这种办法也就是大家常说的:旧车开过去,新车开回来。

(8)汽车置换授权经销商为顾客提供全程后续服务(图1-8、图1-9)。

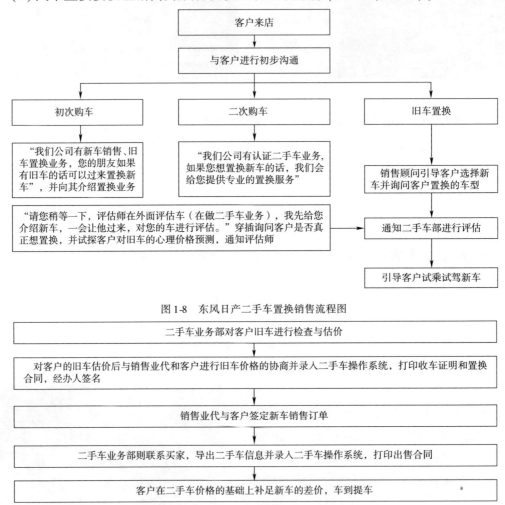

图1-8　东风日产二手车置换销售流程图

图1-9　东风日产二手车置换成交流程图

三、办理置换业务所需提交的证件

办理置换业务所要提交的证件(图1-10):

(1)车主身份证(单位车辆应提供法人代码证书、介绍信等证件)。

(2)机动车产权登记证。

(3)机动车行驶证。

(4)购置附加税缴纳凭证。

(5)委托他人办理置换的,须持原车主身份证和具有法律效力的委托书。

图1-10 办理置换业务所需提交的证件

四、置换车辆的条件

(1)各种车辆手续齐全,非盗抢、走私车辆。

(2)符合国家关于机动车强制报废的标准,且尾气排放符合要求。

(3)无机动车产权纠纷,分期付款的车辆要付清全部车款,拿回所有的车辆手续。

附件 云南福驰二手车置换协议

甲方(购车方):云南福驰汽车服务有限公司(以下简称甲方)

乙方(售车方):＿＿＿＿＿＿＿＿＿＿＿＿＿＿＿＿(以下简称乙方)

经甲、乙双方共同协商,现乙方将车牌为＿＿＿＿＿＿＿＿发动机号为＿＿＿＿＿＿＿车架号为＿＿＿＿＿＿＿＿＿＿＿的＿＿＿＿＿＿＿车壹辆置换甲方＿＿＿壹辆,二手车转让价人民币大写:＿＿＿＿＿＿＿元,(小写:＿＿＿＿＿元),新车价大写:＿＿＿＿＿＿＿元,(小写:＿＿＿＿＿元),具体协议如下。

第一条 乙方依法转让出售具备以下条件的机动车

车辆初次登记日期＿＿＿＿＿＿＿＿＿＿＿＿＿＿＿;

车辆使用性质:＿＿＿＿＿＿＿＿＿＿＿＿。

相关手续包括:( )机动车行驶证、( )机动车登记证书、( )车辆购置附加税缴费凭证、( )车船使用税、( )车辆年检证明、( )车辆保险、( )身份证原件、( )组织机构代码证、( )原车发票、( )维护手册、( )使用说明书。

第二条 双方权利与义务

（1）乙方应保证对出卖车辆享有所有权或处置权,且该车符合国家相关规定,能够依法办理过户、转籍手续。

（2）此车自售车之日起,以前的债权、债务、经济纠纷、交通事故、违章记录等均由乙方负责;以后的债权、债务、经济纠纷、交通事故、违章记录等均由甲方负责。

（3）车辆过户、转籍过程中发生的税费承担方式为:＿＿＿＿＿＿＿＿＿＿。

第三条 违约责任

（1）第三人对车辆主张权力并有确定证据的,乙方应承担由此给甲方造成的一切损失。

（2）因乙方原因致使车辆在约定期限内不能办理过户、转籍手续的,甲方有权要求乙方返还车款并承担一切损失。

（3）若车辆及相关手续无误,甲、乙双方若有一方反悔,则必须向另一方交纳违约金,全车款的 20%。

第四条 合同争议的解决办法

此协议未尽事宜双方友好协商,协商未果,任何一方均可向双方所在地人民法院起诉。

此协议一式两份,买卖双方各执一份,盖章、签字生效。

甲方(章):云南福驰汽车服务有限公司　　　　乙方(章):

4S 店地址:昆明市经开区国际汽车城 D-09

销售热线:0871-8886688　　　　　　　　　　身份证号:

金泉店地址:昆明市北京路延长线金泉汽车广场

销售热线:　　　　　　　　　　　　　　　　地址:

世博店地址:昆明市白龙路世博车市

销售热线:　　　　　　　　　　　　　　　　电话:

经办人:

手　　机:

签订地点:

签订时间:

单元2　二手车鉴定评估

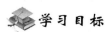 学习目标

⭐ 知识目标

1. 能够了解核查的机动车主要证件的种类和作用。
2. 能了解二手车需核查的主要税费单据。
3. 能够理解鉴别走私车、拼装车、盗抢车的方法。
4. 能够理解判别事故车的方法。
5. 能够掌握事故车检查的具体步骤及要求。

⭐ 技能目标

1. 熟练核查、填写车辆证件的清单。
2. 熟悉业务知识,在核查车辆证件、税费单据时能向客户提问,以便更高效地获得车辆信息。
3. 能准确填写税费核查清单。
4. 能完成二手车是否走私车辆的鉴别。
5. 能完成二手车是否拼装车辆的鉴别。
6. 能完成二手车是否盗抢车辆的鉴别。
7. 能叙述事故车辆的分类情况。
8. 能叙述车辆事故历史及修复情况判断的一般方式方法(步骤及要求等)。
9. 能叙述、执行碰撞车、泡水车和火灾车的一般鉴别方法。

　　证件、税费单据的核查是评估一辆二手车的基础。二手车属于特殊商品,它的价值包括车辆实体本身的有形价值和各项手续构成的价值,只有齐全,才能发挥汽车的实际效用,才能办理正常的过户、转籍。如果资料不全,导致买了一辆来路不明的黑车,即使这辆车的车况好,也是没有意义的。二手车的识伪检查是指通过对交易车辆的有关手续文件和实际车况进行检查,以判断其是否具有合法的交易资格,主要是杜绝各种被盗车辆、走私车、拼装车混入二手车交易市场,损害消费者利益,避免给人民的生命财产带来严重的损失。机动车发生事故无疑会极大地损害车辆的技术性能,但由于车辆在交易以前通常会进行整理、修复,因此,正确判别车辆是否发生过事故对于准确判断车况、合理评定车辆的价格有重要意义。

学习任务1　核查机动车主要证件

任务描述

王笑笑到店里进行旧车置换,旧车基本信息:奇瑞A3,手动,排量1.6L,购车时间2009年10月,行车里程319804km。作为评估师的您,开始对该车进行第一步评估鉴定工作——核查机动车主要证件。

建议学时:6学时

学习准备

一、知识准备

(1)二手车评估,需要核查车主的证件(参阅本学习任务的学习参考资料);

(2)机动车进行安全技术检验的期限规定(参阅本学习任务的学习参考资料);

(3)对车主的基本信息的核查内容(参阅本学习任务的学习参考资料)。

二、工作场所

一体化教室。

三、工作器材

车辆,相关证件(包括车辆来历凭证、车辆行驶证、车辆登记证、车辆道路运输证、机动车安全技术检验合格标志、车辆使用说明、维护手册、车辆附加装置使用说明和保修卡)。

计划与实施

(1)现场确认评估车辆。

(2)在教师的引导下分组,以小组为单位学习相关知识,并完成下列任务。

①小组学习,查阅学习参考资料填写车辆证件检查记录(核查清单见学习参考资料),见表2-1。

车辆证件检查记录　　　　表2-1

核查项目	执行人	检查记录	执行步骤
点收相关证件			
车辆来历			
车辆行驶证			
车辆登记证			
车辆道路运输证			
机动车安全技术检验合格标志			

②完成本工作任务需要扮演哪些角色？这些角色的分工如何安排？请小组讨论后组长填写任务分工表(表2-2)。

任务分工表　　　　　　　　　　　　　　　　　　　　表2-2

姓　　名	角色名称	工作内容	所需工具

③小组按照工作步骤演练任务,并进行角色轮换。

评价与反馈

一、学习效果评价

1.知识考核(1~3为判断题,4为选择题)

(1)如行驶证发证日期是近期的,可以对该车的车况提出疑问。　　　　(　　)

(2)如果该车主地址是靠沿海的,不需要对该车的车况做详细的查勘。　　(　　)

(3)如果评估车是公司的,要提醒车主在交易的时候要多出一个评估的费用,以及在过户的时候需要盖章。　　　　　　　　　　　　　　　　　　　　　(　　)

(4)如果年检到期是当月的,就要提醒车主进行年检或者在交易时年检费用的有关问题。因为年检费用包括(强制险和年检费),当月年检到期的是不能过户的,需要年检完归档了才能过户,这样在过户的时间上就比正常的多了(　　)个工作日。

　　A.2　　　　　　B.3　　　　　　C.3　　　　　　D.4

2.技能考核

一辆轿车进店,学生按照二手车评估员核查证书的步骤及要求进行操作,并填写表2-3。

学生实践记录表　　　　　　　　　　　　　　　　　　表2-3

班级		汽车品牌	
姓名		汽车车型	
学号		使用年限	
实践项目		实践设备	
实践流程			
结果分析			
意见与建议			

续上表

自我评价	良好□　　合格□　　不合格□		
教师评价	良好□　　合格□　　不合格□ 教师姓名：	年　月　日	

二、学习过程评价

在完成本单元所有学习任务后,通过小组会的形式进行总结和思考(表2-4)。

学习过程评价反馈表　　　　　表2-4

序号	评价项目	学习任务的完成情况	签　名
1	工作页的填写情况		
2	独立完成的任务		
3	小组合作完成的任务		
4	教师指导下完成的任务		
5	是否达到了学习目标,特别是能否独立完成车辆相关证书核查,操作步骤是否完整		
6	存在的问题及建议		

学习参考资料

目前,机动车涉及的主要证件有:机动车来历凭证、机动车行驶证、机动车登记证书、道路运输经营许可证和机动车安全技术检验合格标志等法定证件。

一、机动车来历凭证

汽车来历凭证分新汽车来历凭证和旧汽车来历凭证。新汽车来历凭证是指经国家工商行政管理机关验证盖章的汽车销售发票(图2-1、图2-2)。旧汽车来历凭证是指经国家工商行政管理机关验证盖章的旧汽车交易发票(图2-3)。

《机动车销售统一发票》(以下简称《机动车发票》),并在发票联加盖财务专用章或发票专用章,抵扣联和报税联不得加盖印章。据了解,《机动车发票》为电脑六联式发票。第一联发票联(购货单位付款凭证),第二联抵扣联(购货单位扣税凭证),第三联报税联(车购税征收单位留存),第四联注册登记联(车辆登记单位留存),第五联记账联(销货单位记账凭证),第六联存根联(销货单位留存)。第一联印色为棕色,第二联印色为绿色,第三联印色为紫色,第四联印色为蓝色,第五联印色为红色,第六联印色为黑色。发票代码、发票号码印色为黑色。《机动车发票》规格为241mm×177mm。当购货单位不是增值税一般纳税人时,第二联抵扣联由销货单位留存。

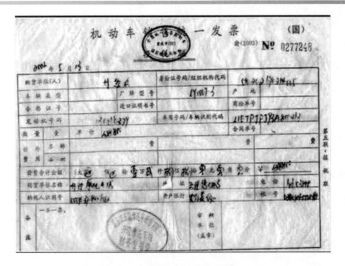

图 2-1 新车购车发票(手写)

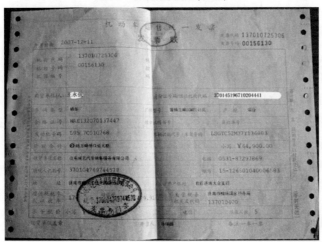

图 2-2 新车购车发票(打印)

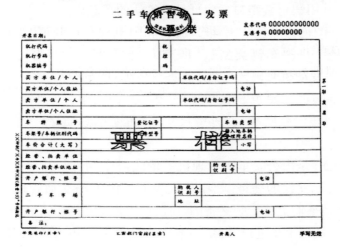

图 2-3 二手车销售发票票样

机动车来历凭证主要包括以下 9 个方面:

(1)在国内购买的机动车,其来历凭证是全国统一的机动车销售发票或者二手车交易发票。在国外购买的机动车,其来历凭证是该车销售单位开具的销售发票及其翻译文本,但海关监管的机动车不需提供来历凭证。

(2)人民法院调解、裁定或者判决转移的机动车,其来历凭证是人民法院出具的已经生效的《调解书》《裁定书》或者《判决书》,以及相应的《协助执行通知书》。

(3)仲裁机构仲裁裁决转移的机动车,其来历凭证是《仲裁裁决书》和人民法院出具的《协助执行通知书》。

(4)继承、赠予、中奖、协议离婚和协议抵偿债务的机动车,其来历凭证是继承、赠予、中奖、协议离婚、协议抵偿债务的相关文书和公证机关出具的《公证书》。

(5)资产重组或者资产整体买卖中包含的机动车,其来历凭证是资产主管部门的批准文件。

(6)机关、企业、事业单位和社会团体统一采购并调拨到下属单位未注册登记的机动车,其来历凭证是全国统一的机动车销售发票和该部门出具的调拨证明。

(7)机关、企业、事业单位和社会团体已注册登记并调拨到下属单位的机动车,其来历凭证是该单位出具的调拨证明。被上级单位调回或者调拨到其他下属单位的机动车,其来历凭证是上级单位出具的调拨证明。

(8)经公安机关破案发还的被盗抢且已向原机动车所有人理赔完毕的机动车,其来历凭证是《权益转让证明书》。

(9)更换发动机、车身、车架的来历凭证,是销售单位开具的发票或者修理单位开具的发票。

二、机动车行驶证

机动车行驶证由证夹、主页、副页三部分组成。其中:主页正面是已签注的证芯,背面是机动车相片,并用塑封套塑封。副页是已签注的证芯。

主页正面文字颜色为黑色。"中华人民共和国机动车行驶证"字体为 12pt 黑体,位置居中;有"号牌号码"、"车辆类型"、"所有人"、"住址"、"使用性质"、"品牌型号"、"车辆识别代号"、"发动机号码"、"注册日期"、"发证日期"等文字。

副页正面文字颜色为黑色。有"号牌号码"、"档案编号"、"核定载人数"、"总质量"、"整备质量"、"核定载质量"、"外廓尺寸"、"准牵引总质量"、"备注"、"检验记录"等文字。

《机动车行驶证》是由公安车辆管理机关依法对车辆进行注册登记核发的证件,它是机动车取得合法行驶权的凭证。《中华人民共和国道路交通管理条例》第十七条规定,机动车行驶证是车辆上路行驶必备的证件,《中华人民共和国机动车登记管理办法》规定机动车行驶证是二手车过户、转籍必不可少的证件。《机动车行驶证》样式如图 2-4 所示。

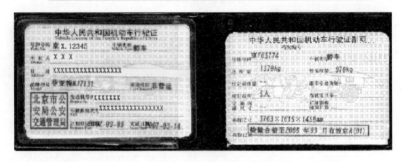

图 2-4 机动车行驶证

三、机动车登记证书

机动车登记证书(图 2-5)是车辆所有权的法律证明,由车辆所有人保管,不随车携带。此后办理转籍、过户等任何车辆登记时都要求出具,并在其上记录车辆的有关情况,相当于机动车的户口本,所有机动车的详细信息及机动车所有人的资料都记载在上面,证书上所记载的原始信息发生变化时,机动车所有人应携《机动车登记证书》到车管所进行变更登记。机动车所有人申请办理机动车各项登记业务时均应出具《机动车登记证书》;当登记信息发生变动时,机动车所有人应当及时到车辆管理所办理相关手续;当机动车所有权转移时,原机动车所有人应当将《机动车登记证书》随车交给现机动车所有人。这样,《机动车登记证书》上就有机动车信息变化的一套完整记录。

目前,《机动车登记证书》还可以作为有效资产证明,到银行办理抵押贷款。《机动车登记证书》是二手车评估人员必须认真查验的证件,《机动车登记证书》与《机动车行驶证》相比,它的内容更详细,一些评估参数必须从《机动车登记证书》获取,如使用性质等。

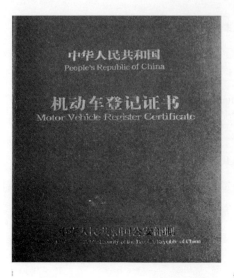

	注册登记摘要信息栏					
I	1. 机动车所有人/身份证明名称/号码					
	2. 登记机关		3. 登记日期		4. 机动车登记编号	

	过户、转入登记摘要信息栏					
II	机动车所有人/身份证明名称/号码					
	登记机关		登记日期		机动车登记编号	
III	机动车所有人/身份证明名称/号码					
	登记机关		登记日期		机动车登记编号	
IV	机动车所有人/身份证明名称/号码					
	登记机关		登记日期		机动车登记编号	
V	机动车所有人/身份证明名称/号码					
	登记机关		登记日期		机动车登记编号	
VI	机动车所有人/身份证明名称/号码					
	登记机关		登记日期		机动车登记编号	
VII	机动车所有人/身份证明名称/号码					
	登记机关		登记日期		机动车登记编号	

第 1 页

注册登记机动车信息栏					
5. 车辆类型			6. 车辆品牌		
7. 车辆型号			8. 车身颜色		
9. 车辆识别代号/车架号			10. 国产/进口		
11. 发动机号			12. 发动机型号		
13. 燃料种类			14. 排量/功率		mL/ kW
15. 制造厂名称			16. 转向形式		
17. 轮距	前 后	mm	18. 轮胎数		
19. 轮胎规格			20. 钢板弹簧片数	后轮	片
21. 轴距		mm	22. 轴数		
23. 外廓尺寸	长 宽 高	mm	33. 发证机关章		
24. 货箱内部尺寸	长 宽 高	mm			
25. 总质量	kg	26. 核定载质量		kg	
27. 核定载客	人	28. 准牵引总质量		kg	
29. 驾驶室载客	人	30. 使用性质			
31. 车辆获得方式		32. 车辆出厂日期		34. 发证日期	

第 2 页

图 2-5　机动车登记证书

四、道路运输经营许可证

《道路运输经营许可证》是交通运输部统一制发的经营道路运输的合法凭证。凡在我国境内经营道路旅客运输、道路货物运输、车辆维修、道路货物搬运装卸和道路运输服务(含物流服务,汽车综合性能检测,汽车驾驶员培训,客货运站、场,客运代理,货运代办,汽车租赁,商品车发送,仓储服务,营业性停车场和其他从业人员培训等)的单位和个人,均须持有交通运输部制发的《道路运输经营许可证》。营运车辆转籍过户时,应到运管机构及相关部门办理营运过户有关手续。《道路运输经营许可证》必须随车携带,在有效期内全国通行。《道路运输经营许可证》中营运证的主证和副页必须齐全,编号必须相同,骑缝章必须相合,填写的内容必须一致。否则,视为无效营运证。

《道路运输经营许可证》分正本、副本,均采用防伪标志(水印中华人民共和国交通部监制),具体式样如图2-6所示。《道路运输经营许可证》正本外廓尺寸为40cm×28cm,材质为157克铜版纸,国徽与带DL的边框,"道路运输经营许可证"字形采用烫金,右下角印有"中华人民共和国交通部监制"字样。副本外廓尺寸为18cm×13cm,封面墨绿色带国徽。

图2-6 道路运输经营许可证

《道路运输经营许可证》正本、副本包含"×交运政许可字号、业户名称、地址、经济类型、资质等级、经营范围、有效期、核发机关、日期"等内容,其中"×"为省、自治区、直辖市的简称。副本除有与正本相同的内容外,还有分支机构、变更记录、经营资质(质量信誉)考核记录、违章记录、年度审验记录和备注。编号以县(市、区)为单位,从00001号起依自然数编号,在自然数前冠国家标准的行政区划编号。经济类型按"国有,集体,私营,个体,联营,股份制,外商投资,港、澳、台以及其他经济"分类;经营资质为经交通主管部门核定的道路运输企业的资质等级,按照"客运×级"或"货运×级"填写,"×"为汉字一至五,表示企业资质等级。待企业资质核定后,凭经营资质等级申请表上的审查审批意见,在年检时填入许可证;"有效期"是指《道路运输经营许可证》的有效期限,一般为3年。分支机构填写分支机构名称、地址。核发机关可按审批权限分别加盖省级或地级、县级交通主管部门道路运输管理证件专用章。

五、机动车安全技术检验合格标志

机动车必须进行安全技术检验,并由机动车安全技术检验机构实施。机动车安全技术检验机构应当按照国家机动车安全技术检验标准对机动车进行检验,对检验结果承担法律责任。检验合格后,公安机关发放合格标志。根据《中华人民共和国道路交通安全法实施管理条例》的规定,机动车检验合格标志应贴在机动车前窗右上角,标志如图2-7所示。

图2-7 机动车检验合格标志

车辆年检也就是我们平时所说的验车,《道路交通安全法实施条例》第十六条规定:机动车应当从注册登记之日起,按照下列期限进行安全技术检验:

(1)营运载客汽车5年以内每年检验1次;超过5年的,每6个月检验1次。

(2)载货汽车和大型、中型非营运载客汽车10年以内每年检验1次;超过10年的,每6个月检验1次。

(3)小型、微型非营运载客汽车6年以内每2年检验1次;超过6年的,每年检验1次;超过15年的,每6个月检验1次。

(4)摩托车4年以内每2年检验1次;超过4年的,每年检验1次。

(5)拖拉机和其他机动车每年检验1次。营运机动车在规定检验期限内经安全技术检验合格的,不再重复进行安全技术检验。

(6)超过报废年限的车辆不可以再过户(买卖),但可以继续使用;买卖的话可以先到车管所办理该车的报废单(注销该车的档案),然后买卖。

另外,从2014年9月1日起试行6年以内的非营运轿车和其他小型、微型载客汽车(面包车、7座及7座以上车辆除外)免检制度。在此期间,每2年提供交强险凭证、车船税纳税或免征证明后,直接向公安交管部门申领检验标志。出厂后2年内未申请注册登记或注册登记前发生交通事故的仍需安全技术检验。

六、核查车主基本信息

按照机动车行驶证登记信息及委托人的身份证,核查车主基本信息,包括以下两点:

(1)了解机动车行驶证登记所有人与卖主的身份证是否一致,通过检查卖主的身份证可以判定卖主是否对所卖机动车拥有使用权和支配权。

(2)对于单位车辆,应进一步了解单位名称及隶属关系,核查组织机构代码证和经办人身份证复印件(必须在有效期内)。

机动车证件核查记录表见表2-5。

机动车证件核查记录表　　　　　　　　　　　　　　　表2-5

一、车辆相关证件点收
(一)主要证件 □(1)机动车来历凭证。 □(2)机动车行驶证。 □(3)机动车登记证。 □(4)车主身份证。 □(5)道路运输证。 □(6)机动车安全技术检验合格标志 (二)次要证件 □(1)车辆适用说明。 □(2)维护手册。 □(3)车辆附加装置适用说明和保修卡
二、核对机动车来历凭证
□(1)国内购车。 □(2)国外购车。 □(3)人民法院调解、裁定或者判决转移的机动车。 □(4)仲裁机构仲裁裁决转移的机动车。 □(5)继承、赠予、中奖和协议抵偿债务的机动车。 □(6)资产重组或者资产整体买卖中包含的机动车。 □(7)国家机关统一采购并调拨到下属单位未注册登记的机动车。 □(8)国家机关已注册登记并调拨到下属单位的机动车。 □(9)经公安机关破案返还的被盗抢已向原机动车所有人理赔完毕的机动车。 □(10)更换发动机、车身、车架
三、核对车主信息
□二手车属于个人的,携带《居民身份证》或者《户口本》。 □二手车属于单位的,携带《组织机构代码证》复印件,并且在《组织机构代码证》复印件上加盖公章。 □二手车所有人委托他人办理的,代理人应出具车主授权委托书和身份证明

续上表

四、核对行驶证	
核对项目	核对的具体内容
(1)核对车辆的车牌号码。	□行驶证上的车牌是否与该车一致。
(2)核对车辆的车架号码。	□行驶证上的车架号码是否与车辆一致。 □车辆车架号码是否清晰。 □有无挖补痕迹。 □是否有盗抢嫌疑
(3)车辆品牌型号以及发动机号码。	□与行驶证上是否一致。 □发动机号是否清晰。 □有无贴牌。 □是否有盗抢嫌疑
(4)核对注册登记日期和发证日期。	□是否过户过。 □发证日期是否是近期
(5)核对车辆的使用性质。	□租赁。 □营运。 □教练车
(6)核对行驶证上的车辆照片。	□颜色与原车是否一致。 □是否有改装
(7)核对车辆的行驶人性质。	□个人。 □公司
(8)违章情况查询	□有。 □无
五、核对登记证书	
核 对 项 目	核对的具体内容
(1)核对登记证书首页右上角的编码。	□真伪辨认:连续查看后两页右上角号码都必须要和第一页的号码一样,而且号码要工整
(2)与行驶证核对车辆的品牌型号、发动机号码、车架号码。	□三个号码是否与行驶证一致。 □真伪辨认:这些号码在产权证上打印的时候必须在登记证书空格里面而且要整齐工整
(3)核对车辆的使用性质。	□是否与行驶证的一致
(4)核对登记证书上的第一栏车主归属地以及身份证号码。	□身份证号码有无错误。 □属本地。 □属外地迁回

续上表

核 对 项 目	核对的具体内容
(5)核对车辆的排量。	□排量是否与行驶证一致
(6)核对车辆的车身。	□车身尺寸是否与行驶证一致
(7)核对车辆的出厂日期以及发证日期。	□是否是库存车
(8)翻开第二页核对车辆信息	□过户次数是否太多。 □如果有抵押的是否已经解押。 □是否有变更发动机。 □是否有变更车身颜色。 □是否有变更车架号码
六、核对道路运输证	
□(1)主证和副页必须齐全。 □(2)主证和副页编号必须相同。 □(3)主证和副页骑缝章必须相合。 □(4)主证和副页填写的内容必须一致	
七、核查机动车安全技术检验合格标志	
□(1)年检到期时间为当月。 □(2)年检到期时间不是当月	

学习任务2 核查机动车各种税费单据

任务描述

王笑笑到店里进行旧车置换,旧车基本信息:奇瑞 A3,手动,排量 1.6L,购车时间 2009 年 10 月,行车里程 319804km。作为评估师的你,核查完机动车主要证件后,开始核查机动车各种税费单据。

建议学时:2 学时

一、知识准备

(1)什么是车辆购置税?(查阅本学习任务的学习参考资料)。
(2)车船使用税征收标准是如何规定的?(查阅本学习任务的学习参考资料)。
(3)机动车保险费包括哪些?(查阅本学习任务的学习参考资料)。

二、工作场所

一体化教室。

三、工作器材

车辆,相关税费单据(包括车辆购置税、机动车保险费、车船使用税)。

 计划与实施

(1)现场确认评估车辆。

(2)在教师的引导下分组,以小组为单位学习相关知识,并完成下列任务。

①小组学习,查阅学习参考资料,填写车辆税费核查记录(核查记录见学习资料),见表2-6。

车辆税费核查记录表　　　　　　　　　　　表2-6

核查项目	执行人	检查记录	执行步骤
点收税费单据			
车辆购置税			
机动车保险费			
车船使用税			

②完成工作任务需要扮演哪些角色?这些角色的分工如何安排?请小组讨论后组长填写任务分工表(表2-7)。

任务分工表　　　　　　　　　　　表2-7

姓　名	角色名称	工作内容	所需工具

③小组按照工作步骤演练任务,并进行角色轮换。

 评价与反馈

一、学习效果评价

1.知识考核(1为填空题,2～3为判断题,4为选择题)

(1)机动车保险险种分为_____和_____两种。

(2)第三者责任险是目前强制投保的唯一险种,即车辆必须投保第三者责任险。(　　)

(3)新的车船税法将改变现行征税方式,按排气量大小分7档计征,其中2.0L排量以下车型,将降低或保持原来税负,4.0L以上的大排量汽车的税负则增加了十几倍。(　　)

(4)车辆购置附加费改成车辆购置税,由国家税务局征收,资金的使用由交通部门按照国家有关规定统一安排,其征收标准是按车辆计税价的( )计征。

  A.10%   B.20%   C.5%   D.15%

2.技能考核

例如:一辆轿车进店,学生按照二手车评估员核查税费单据的步骤及要求进行操作,并填写表2-8。

学生实践记录表   表2-8

班级		汽车品牌	
姓名		汽车车型	
学号		使用年限	
实践项目		实践设备	
实践流程			
结果分析			
意见与建议			
自我评价	良好□ 合格□ 不合格□		
教师评价	良好□ 合格□ 不合格□ 教师姓名: 年 月 日		

二、学习过程评价

在完成本单元所有学习任务后,通过小组会的形式进行总结和思考(表2-9)。

学习过程评价反馈表   表2-9

序号	评价项目	学习任务的完成情况	签　名
1	工作页的填写情况		
2	独立完成的任务		
3	小组合作完成的任务		
4	教师指导下完成的任务		
5	是否达到了学习目标,特别是能否独立完成车辆相关税费单据核查,操作步骤是否完整		
6	存在的问题及建议		

学习参考资料

机动车主要税费单据有:车辆购置税、机动车保险费、车船使用费、公路养路费、客货运附加费等。

一、车辆购置税完税证明

车辆购置税是在我国购买车辆的单位和个人缴纳的一种税,是由汽车的附加费演变的。车辆购置税规定纳税人为购买车辆的单位和个人,不管是受赠、中奖、进口、自产等,只要是在我国行驶的车辆必须缴纳车辆购置税。其目的是切实解决发展公路运输事业与国家财力紧张的突出矛盾,将车辆购置附加费作为我国公路建设的一项长期稳定的资金来源,由交通部门负责征收。车辆购置税完税证明如图2-8所示。

图2-8 车辆购置税完税证明

车辆购置附加费改成车辆购置税,由国家税务局征收,资金的使用由交通部门按照国家有关规定统一安排,其征收标准是按车辆计税价的10%计征。在取消消费税后,它是用户购买车辆后最大的一项费用。

车辆购置税以列举的车辆作为征税对象,未列举的车辆不纳税。其征税范围包括汽车、摩托车、电车、挂车、农用运输车,具体规定如下:

(1)汽车:包括各类汽车。

(2)摩托车。

①轻便摩托车:最高设计时速不大于50km/h,发动机汽缸总排量不大于50mL的两个或三个车轮的机动车。

②二轮摩托车:最高设计车速大于50km/h,或发动机汽缸总排量大于50mL的两个车轮的机动车。

③三轮摩托车:最高设计车速大于50km/h,发动机汽缸总排量大于50mL,空车质量不大于400kg的三个车轮的机动车。

(3) 电车。

①无轨电车:以电能为动力,由专用输电电缆供电的轮式公共车辆。

②有轨电车:以电能为动力,在轨道上行驶的公共车辆。

(4) 挂车。

①全挂车:无动力设备,独立承载,由牵引车辆牵引行驶的车辆。

②半挂车:无动力设备,与牵引车共同承载,由牵引车辆牵引行驶的车辆。

(5) 农用运输车。

①三轮农用运输车:柴油发动机,功率不大于 7.4kW,载质量不大于 500kg,最高车速不大于 40km/h 的三个车轮的机动车。

②四轮农用运输车:柴油发动机,功率不大于 28kW,载质量不大于 1500kg,最高车速不大于 50km/h 的四个车轮的机动车。

二、车辆购置税的征税范围

为了体现税法的统一性、固定性、强制性和法律的严肃性特征,车辆购置税征收范围的调整,由国务院决定,其他任何部门、单位和个人无权擅自扩大或缩小车辆购置税的征税范围。按照国家规定,车辆购置税免征范围如下:

(1) 外国驻华使馆、领事馆和国际组织驻华机构及其外交人员自用的车辆,免税。

(2) 中国人民解放军和中国人民武装警察部队列入军队武器装备订货计划的车辆,免税。

(3) 设有固定装置的非运输车辆,免税。

(4) 有国务院规定予以免税或者减税的其他情形的,按照规定免税或者减税。

(5) 对于挖掘机、平地机、叉车、装载车(铲车)、起重机(吊车)、推土机 6 种车辆,免税。

2012 年《车辆购置税征收管理办法》对二手车的完税证明也有了新规定,"二手车交易不再需要对车辆购置税进行转籍、过户和更名。购买二手车的车主,向原车主索要车辆购置税的完税证明即可。如果购买的是办理了车辆购置税的完税证明的汽车,购买者要到当地税务机关重新进行申报,办理免税手续。没有及时办理相关手续的,税务机关将按照新购置税条例进行相关处理。"

车辆购置税完税发票如图 2-9 所示。

三、车船使用税

车船税是指对在我国境内应依法到公安、交通、农业、渔业、军事等管理部门办理登记的车辆、船舶,根据其种类,按照规定的计税依据和年税额标准计算征收的一种财产税,也就是说,有车族需要在投保交强险时缴纳车船税。根据规定,凡在我国境内拥有并使用车船的单位和个人,为车船使用税的纳税义务人(不包括外商投资企业、外国企业和外国人)。当车船拥有人与使用人不一致时,仍由拥有人负责缴纳税款。车船使用税单的式样如图 2-10 所示。

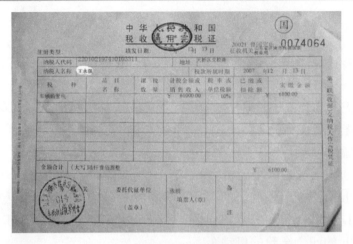

图 2-9　车辆购置税完税发票

图 2-10　车船使用税单

2012 年以前的车船税征收标准是按照车辆的座位数和车型大小来征收的,9 座以下的小型客车每辆车(包括私家车)每年缴税 360 元,20 座及 20 座以上的大型客车每辆车每年缴税 480 元,10～19 座的中型客车每辆车每年缴税 420 元。

《中华人民共和国车船税法》(下称《车船税法》)于 2012 年 1 月 1 日起施行,新的车船税法将改变现行征税方式,按排气量大小分 7 档计征,其中 2.0L 排量以下车型,将降低或保持原来税负,4.0L 以上的大排量汽车的税负则增加了十几倍,为 3600～5400 元,见表 2-10。

乘用车 7 档计税表　　　　　　　　　　　表 2-10

税　目		年基准税额(元/辆)
乘用车	1.0L(含)以下	60～360
	1.0L 以上至 1.6L(含)	300～540
	1.6L 以上至 2.0L(含)	360～660
	2.0L 以上至 2.5L(含)	660～1200
	2.5L 以上至 3.0L(含)	1200～2400
	3.0L 以上至 4.0L(含)	2400～3600
	4.0L 以上	3600～5400

四、机动车保险费

机动车辆保险,简称车险,是指对机动车辆由于自然灾害或意外事故所造成的人身伤亡或财产损失负赔偿责任的一种商业保险。机动车保险费是为了防止机动车发生意外事故,避免用户发生较大损失而向保险公司交付的费用。该项费用的交付标准各地区有所不同,缴纳时按本地区规定交付。

机动车保险险种分为交强险和商业险两种。强制保险(交强险)是国家规定强制购买的保险,商业险是非强制购买的保险。保险标志如图2-11所示。

图2-11 保险标志

1. 交强险

机动车交通事故责任强制保险,简称交强险,是我国首个由国家法律规定实行的强制保险制度。交强险是由保险公司对被保险机动车发生道路交通事故造成本车人员、被保险人以外的受害人的人身伤亡、财产损失,在责任限额内予以赔偿的强制性责任保险,属于责任保险的一种。

实行交强险制度就是通过国家法律强制机动车所有人或管理人购买相应的责任保险,以提高三责险的投保面,在最大程度上为交通事故受害人提供及时和基本的保障。机动车交通事故责任强制保险基础费率在2008年前是固定的,如家庭自用汽车6座以下为1050元,2008年后是浮动的,随车的事故情况而变化。

2. 商业险

机动车商业险险种分为主险和附加险两大种类。基本险包括商业第三者责任保险、车辆损失险、全车盗抢险、车上人员责任险共四个独立的险种,投保人可以选择投保其中部分险种,也可以选择投保全部险种。玻璃单独破碎险、自燃损失险、新增加设备损失险,是车身损失险的附加险,必须先投保车辆损失险后才能投保这几个附加险。车上责任险、无过错责任险、车载货物掉落责任险等,是第三者责任险的附加险,必须先投保第三者责任险后才能投保这几个附加险;每个险别不计免赔是可以独立投保的。

(1)主险。主险包括第三者责任险和车辆损失险。

①第三者责任险。第三者责任险属强制性保险,即车辆必须投保第三者责任险。第三者责任险是指当被保险人或其允许的合格驾驶员在使用保险车辆过程中发生意外事故,致使第三者遭受人身伤亡或财产的直接损毁时,保险公司依照保险合同规定给予赔偿。因为交强险在对第三者的财产损失和医疗费用部分赔偿较低,可考虑购买第三者责任险作为交强险的补充。

第三者责任险每次事故的最高赔偿限额是保险人每次事故的责任限额,由投保人和保险人在签订保险合同时按5万元、10万元、20万元、30万元、50万元、100万元和100万元以上不超过1000万元的档次协商确定。第三者责任险的每次事故的最高赔偿限额应根据不同车辆种类选择确定。根据不同的车型,投保的费用不同。在不同区域内,摩托车、拖拉机的最高赔偿限额分为4个档次:2万元、5万元、10万元和20万元。其他车辆的最高赔偿限额分为6个档次:5万元、10万元、20万元、50万元、100万元和100万元以上,最高不超过1000万元。挂车投保后与主车视为一体,发生事故时,挂车引起的赔偿责任视同主车引起的赔偿责任,保险人对挂车赔偿责任与主车赔偿责任所负赔偿金额之和,以主车赔偿限额为限。

②车辆损失险。车辆损失险是指保险车辆遭受保险责任范围内的自然灾害(不包括地震)或意外事故,造成保险车辆本身损失,保险公司将依照保险合同予以赔偿。作为多数私家车车险中保费最高的一个险种,车辆损失险的投保费用一般为车价的1.2%。车辆损失险的保险金额可以按投保时的保险价值或实际价值确定,也可以由投保人与保险公司协商确定,但保险金额不能超出保险价值。即价值10万元的车辆,保险金额只能在10万元以内。

(2)附加险。附加险是在主险的基础上附加的险种,属于车主自愿投保的项目,大致有9种。

①全车盗抢险。机动车辆全车盗抢险的保险责任为全车被盗窃、被抢劫、被抢夺造成的车辆损失以及在被盗窃、被抢劫、被抢夺期间受到损坏或车上零部件、附属设备丢失需要修复的合理费用。它的投保费用为车价的1%。保险公司主要承担保险车辆在被盗、被抢期间受到损坏所需修复的费用。若经查证整车丢失,保险公司赔偿80%的保险金额。

②玻璃单独破碎险。即保险公司负责赔偿保险车辆在使用过程中,发生本车玻璃单独破碎的损失的一种商业保险。玻璃单独破碎,是指被保车辆只有风窗玻璃和车窗玻璃(不包括车灯、车镜玻璃)出现破损的情况。它的投保费用为车价的0.15%。保险公司需按实际损失赔偿。

③自燃损失险。自燃损失险指负责赔偿因本车电器、线路、供油系统发生故障及运载货物自身原因起火造成车辆本身的损失。本保险为车辆损失险的附加险,投保了车辆损失险的车辆方可投保本保险。它的投保费用为赔偿限额的0.4%。保险公司承担80%的赔偿金额。

④机动车辆乘坐责任保险。所谓乘坐人员责任保险是指机动车辆发生了责任范围内的事故,致使本车上的人员伤亡,依法应由被保险人承担的经济赔偿责任,保险人在承保的赔偿限额内负责赔偿。它属财产保险范畴,是机动车辆保险中的附加险种,属责任保险。有些保险公司将其称为车上人员责任保险,有些保险公司称为乘坐责任险,还有一些保险公司将其称为乘客座位责任险、驾驶员座位责任险,其实质上无较大区别,只是称谓不同而已。

⑤机动车辆承运货物责任保险。车辆承运货物责任险是指保险车辆在使用过程中发生车险条款所列的保险事故,致使本车上装载的货物遭受直接损失,应由被保险人承担的经济损失以及发生保险事故后被保险人为减少货物损失而支付的合理施救、保护费用。保险人在保单确定的限额内赔付的一种附加险种。机动车辆承运货物责任保险的保险责任规定:货物自身由火灾、爆炸、雷击、冰雹、洪水、崖崩所造成的损失,货物因载运的机动车辆发生火灾、爆炸、碰撞、倾覆所造成的损失,在发生上述灾害事故时,因在纷乱中造成保险货物的散落,以及因施救或保护该货物而支付的必要的合理费用;机动车辆在正常行驶过程中,由于货物发生意外事故,致使第三者遭受人身伤亡或财产的直接损毁,在法律上应当由被保险人承担的经济赔偿责任,保险公司将根据有关法律和保险合同的规定给予赔偿。

⑥机动车辆无过错责任保险。所谓的无过错责任险是该险种是指被保险人允许的合格驾驶员在使用保险车辆过程中与非机动车辆、行人发生交通事故,机动车一方无过错或有部分责任,造成行人伤亡或保险车辆的直接损失,保险人负责赔偿的一种附加险。凡被保险人或其允许的驾驶员在使用保险车辆过程中与非机动车、行人发生交通事故,造成行人伤亡或财产的直接损失,机动车方无过错或机动车方有部分责任,根据有关规定,以上应由行人或非机动车辆承担经济损失而他们无偿还能力,经公安机关调解认定由机动车方垫付的部分,并在被保险人将第三者追偿权力移交给保险公司后,保险公司予以赔偿。

⑦汽车零部件失窃保险。汽车零配件失窃保险指在正常使用保险车辆过程中,发生汽车零配件被盗,保险人给予赔偿的一种附加险种。该险种的保险标的是汽车零配件。

⑧杂支费用保险。该险种是保险车辆发生保险责任范围内的交通事故,在事故处理过程中,承担的超过有关条款规定赔偿标的合理部分,由保险人负责赔偿的一种附加险。

⑨机动车辆停驶损失险。保险车辆发生车辆损失险范围内的保险事故,造成车身损毁,致使车辆停驶而产生的损失,保险公司按规定进行以下赔偿:部分损失的,保险人在双方约定的修复时间内按保险单约定的日赔偿金额乘以从送修之日起至修复竣工之日止的实际天数计算赔偿;全车损毁的,按保险单约定的赔偿限额计算赔偿;在保险期限内,上述赔款累积计算,最高以保险单约定的赔偿天数为限。本保险的最高约定赔偿天数为90天,且车辆停驶损失险最大的特点是费率很高,达10%。

税费核查记录见表2-11。

税 费 核 查 记 录　　　　　　　　　　　　　　　表 2-11

一、点收车辆相关税费单据
□车辆购置税。 □保险单。 □车船使用税
二、核对购置税证
□购置证上的车主名字与产权证上的车主名字是否一致。 □核对购置证上的车辆品牌型号、发动机号码、车架号码与产权证上的信息是否一致。 □核对购置证背后的国税公章真伪(拿一本刚过户的购置证进行校对公章)
三、核对保险单
□是否有交强险、第三者责任险。 □保险单到期时间： □保险单上车架号码、发动机号码与产权证上的信息是否一致。 □被保险人是否与行驶证上的姓名一致。 □被保险人的身份证号码与行驶证上的身份证号码是否一样。 □是否有其他商业险。 □记录商业险的保险单上保险事项： □保险单到期时间： □核对特别约定栏里受益人，查看特别约定栏里有无指定受益人，如果有要及时提醒以免在过户的时候出现问题
四、核对车船使用税
□核对车船使用税征收标准： □车船使用税到期时间

学习任务3　识伪检查

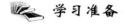　任务描述

客户张先生到店，欲将其所驾车辆转让。此时，王笑笑上前接待并对张先生的车辆进行识伪检查。

建议学时：4 学时

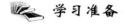　学习准备

一、知识准备

(1)走私车辆、拼装车辆和盗抢车辆各有哪些特征？

(2)目前的拼装车辆有哪些分类？

(3)鉴别走私车辆最直接最有效的方法是什么？

(4)鉴别拼装车辆的方法有哪些?

(5)鉴别盗抢车辆的方法有哪些?

(6)找出任务描述中的关键词,通过查阅本学习任务的学习参考资料,对应整理出完成该任务所需要的知识点和技能点(表2-12)。

知识点和技能点 表2-12

知识点	1.
	2.
	3.
	4.
	5.
技能点	1.
	2.
	3.
	4.
	5.

二、工作场所

一体化教室。

三、工作器材

车辆,电脑网络(工作台)、汽车防护三件套,工单。

计划与实施

(1)现场鉴别车辆是走私、拼装还是盗抢车辆。

(2)在教师的引导下分组,以小组为单位学习相关知识,并回答下列问题。

①假如该车辆为盗抢车辆,那么它的鉴别方法有哪些?

②小组学习,查阅工作页后填写表2-13。

学习项目及检查记录表 表2-13

工作项目	执行人	检查记录	执行步骤
查阅车管部门相关档案资料			
鉴别证件是否被篡改或伪造			
检查车辆外观、颜色			
检查车玻璃			
其他项目检查			

③完成本工作任务需要扮演哪些角色？这些角色的分工如何安排？请小组讨论后，由组长填写任务分工表(表2-14)。

任务分工表　　　　　　　　　　　　　　　表2-14

姓　名	角色名称	工作内容	所需工具

④整理出盗抢车辆鉴别的基本步骤和方法。

⑤小组按照工作步骤演练任务，并进行角色轮换。

评价与反馈

一、学习效果评价

1. 知识考核(选择题)

(1)在对二手车进行技术状况的鉴定过程中，识伪检查可包括以下哪些项目(　　)。

　　A.看外观和内饰　　B.真假配件识别　　C.检查发动机　　D.检查车辆VIN码

(2)从车辆VIN中我们不可以识别出的信息是(　　)。

　　A.发动机排量　　B.车型年款　　C.生产国家　　D.车辆类别

(3)检查车辆外观可包括哪些项目(　　)。

　　A.检查发动机舱　　B.检查客舱　　C.检查行李舱　　D.检查底盘

(4)目前的拼装车辆主要有哪几种(　　)。

　　A.飞顶车　　B.事故车　　C.改舵车　　D.支架车

2. 技能考核

假如这是一辆拼装车辆，请学生按照上述步骤、方法及要求进行操作，并填写表2-15。

学生实践记录表　　　　　　　　　　　　　　　表2-15

班级		车型及年款	
姓名		车辆识别码	
学号		里程数	
实践项目		实践设备		维修工单号	
实践流程			
结果分析			

续上表

防范措施	
自我评价	良好☐　合格☐　不合格☐
教师评价	良好☐　合格☐　不合格☐ 教师姓名：　　　　　　　　　　　　　　年　月　日

二、学习过程评价

在完成本单元所有学习任务后,通过小组讨论会的形式进行总结和思考(表2-16)。

学习过程评价反馈表　　　　　表2-16

序号	评价项目	学习任务的完成情况	签　名
1	工作页的填写情况		
2	独立完成的任务		
3	小组合作完成的任务		
4	教师指导下完成的任务		
5	是否达到了学习目标,特别是能否独立分辨车辆证件种类		
6	存在的问题及建议		

学习参考资料

如何在二手车交易市场中,很好地界定一些走私车辆、拼装车辆和盗抢车辆,将是一项十分重要且艰巨的工作。我们必须依据专业知识和经验,结合相关信息材料,对车辆进行全面细致的鉴别与区分,以使二手车交易规范、正常、有序进行。

一、鉴别走私车辆

走私车辆是指没有通过国家正常进口渠道进口的,并未完税的车辆。鉴别走私车辆主要有以下方法和步骤:

(1)运用公安车管部门的车辆档案资料,查找车辆来源信息,确定车辆的合法及来源情况。这是一种最直接有效的判别方法。如图2-12所示。

(2)查验车辆的产品合格证、维护手册;对进口车必须查验进口产品检验证明书和商检标志。产品合格证上的钢印号、发动机号、登记日期等,这些都是需要特别关注、核实的要点,此外,还要注意是否有涂改的痕迹,若出现了涂改痕迹则基本可以判定此为问题车辆。

（3）检查车辆外观和内饰，包括检查发动机舱、客舱、行李舱、底盘等内容，车辆的外观和内饰检查项目很多，目前还没有统一的规范，在此不做论述，具体可参考本学习单元的学习任务 4 的有关知识内容。

（4）打开发动机舱盖，检查发动机和其他部件是否有拆卸重新安装的痕迹，是否有旧的部件或缺少部件的情况；查看导线、管路布置是否有条理、安装是否平整等。

图 2-12　公安部车辆信息查询系统截图

二、鉴别拼装车辆

拼装车辆是指一些不法厂商和不法商人为了牟取暴利，非法组织生产、拼装，无产品合格证的假冒、低劣汽车。主要有以下几种。

1. 飞顶车

走私车大多数都是"飞顶车"。所谓"飞顶"就是将走私的车辆的车顶割断，再放进集装箱，以节省空间和运费成本。行内也将飞顶车称作"一刀车"，也还有"两刀车"，就是"一刀"飞顶后再把车拦腰割开，也就是"割大梁"。一个 40 尺（11.8m × 2.13m × 2.18m）的集装箱能装 4 台整车，却能装 5 台半"飞顶车"，或 6 台半"两刀车"。通常，如果拼装得好的话，对行车安全影响不大。

辨别是否为"飞顶车"，主要是查看左右 A、B、C 三柱是否一致。以现在的维修技术，目测虽然困难，但仔细观察仍会发现飞过顶的车的 A、B、C 柱在割过之后，就算焊得再好也不可能跟出厂时保持一致，因为它需要经过焊接、磨平、补灰、再重做底、涂面漆等多道工序，很难再与出厂时一模一样。另外，还有一个简单辨别的方法，就是用手敲打三柱与顶的连接处，通过敲击的手感与声音来判别，即：声音沉哑，没有敲打金属感觉的车多数是割过的"飞顶车"。而最直接的方法就是把三柱的内饰板、门柱胶边揭开，查看是否有焊过的痕迹（图 2-13）。

检查是否是"两刀车"时，最好到维修厂将车辆升起，查看车架是否被焊接过（图 2-14）。而由于"两刀车"的车门常存在开关不顺畅的情况，因此可以依此在不升起车辆的情况下,把车的前轮用千斤顶顶起离地 20~30cm 的高度,试试车门是否关闭顺畅。这种方法比较快速便捷。

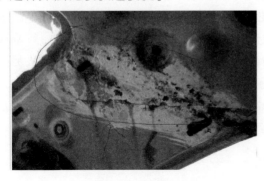

图 2-13 车顶焊接

图 2-14 "两刀车"

2. 支架车

支架车就是整车没经过分割就直接装箱的车辆。所占空间大,以致进口成本高。因此,如果有人明确表示"这是一辆支架车",但价格却很低,此时我们就需要进行仔细查看了。

3. 事故拼装车

事故拼装车就是把几台经历过大事故的车辆或报废车辆各自有用的零件拆卸下来,清洗干净,再购置些新的配件,拼装后再进行翻新喷漆的车辆(图 2-15)。例如:很多霸道、佳美、雅阁等车都是由一堆废铁拼装而成的,俗称"兄弟车"。这些车的安全系数极低,应仔细鉴别。

4. 改舵车

改舵车就是对车辆的转向盘左右位置进行了更改的汽车。这种车不好开,难维修,易出故障,多为非正常途径进口或走私而来的车辆,且多为日系

图 2-15 拼装车

车。一般而言,正规渠道贸易的车辆都可以避免改舵情况的出现,都有针对各个国家设计的版本。而走私车,尤其是二手走私车在交通通行迥异的国家之间就会产生改舵的情况,以适应当地的法律法规。改舵车也分为几个档次,由于成本不同,效果也不一样。成本最低的连刮水器都是反的(此条不适合某些单刮水器的车款),而转向开关等是在转向盘的右边。我们可以从以下三点进行综合判断:

(1)看前围板。以前的改舵车,有很大一部分是不换前围板的,因而会在前围板上留下未改前的孔洞,改后就会有较为明显的修补痕迹。

(2)看发动机的布置。未改过的,在发动机舱内其左右的空间基本是对称的。由于左舵车,制动方向离合等系统在左边,所以绝大多数车会把发动机上占据很大空间的进气系统装在右边(副驾驶位)。而改舵车很少会改动这个难以改动的进气系统,因此,改舵车的进气系统和制动离合在同一边,导致发动机舱内驾驶位这边就会显得空间不足,

而副驾驶位那边则会空余很大空间。

（3）看发动机的总线束。极少改舵车会换发动机的总线束,一是价格昂贵,二是很难找到这种既适用左舵车,又可以装在右舵车发动机上的线束。因此,发动机上的总线束就必须改动。而由于未改前为了让驾驶位留出更多的空间,发动机电脑一般都装在副驾驶位前。改动后这个电脑也得相应的改到另一边,导致发动机的线束得从另一边进入驾驶室内,从而留下明显的人为改动的痕迹。

此外,最直接的识别方法就是驾驶。改得再好,换得再多,一开就有区别。这样的区别是微妙的,感性的,更多的在于驾驶员的经验。

三、鉴别盗抢车辆

盗抢车辆一般是指公安车管部门已登记上牌的,在使用期限内丢失的或被不法分子盗窃的,并已在公安部门报案的车辆。这些被盗赃车大部分在经过一定程度的修饰后,很可能会流入二手车交易市场。在实际工作中,二手车评估人员有时就会遇到这些来源不明或是被盗抢的赃车。此时掌握基本的盗抢车辆的鉴别方法是十分必要的,利于在工作中维护自身的合法权益,也避免经济损失或法律纠纷。这类车辆的鉴别方法一般有：

（1）根据公安车管部门的档案资料及时掌握车辆状态,防止盗抢车辆进入市场交易。这些车辆从车辆主人报案起到追寻找到为止的期间内,公安车管部门都会将这部分车辆的档案材料锁定,不允许进行车辆过户、转籍等一切交易活动。

（2）不法分子急于销赃,它们会对车辆的有关证件进行篡改和伪造,使被盗赃车面目全非。此时须仔细检查车辆有关证件,也可重点核对发动机号码和车辆识别代码等。

①检查随车证照及真伪。行驶证等随车证照是车辆的身份证明,而行驶证及车辆登记证书上登记的发动机号码、车架号码等则是车辆身份的唯一凭证。因此,对于二手车一定要仔细审查实际车辆的牌照、车型及发动机号码,以及车架号码与行驶证上的相关内容是否完全一致等。如有任何可疑,则要详细调查。

②检查牌照号码与车辆的新旧程度是否相符。一些不法分子为了逃避打击,将盗抢车换上伪造的或是其他车的牌照,极有可能造成车辆牌照与车辆新旧程度不符的情况。遇到这种情况,评估人员可以到车辆管理部门核查该牌照所属的车辆情况,查看是否属原车牌照。

③检查发动机号码。发动机是汽车的心脏,每台发动机都有自己的号码。为了不让购车人知道汽车原来的身份,不法分子经常会擅自修改发动机号码,即:将号码打磨掉后,在基座上重新烙印。如果在发动机号基座上能看到弧形磨痕,则此车必定存疑。另外,修改发动机号码时,不法分子一般多用铝片做一个假发动机号码,再粘贴覆盖到基座上。检查时可以用工具在发动机号码基座边刮一刮,查看是否有接口。

④检查车架号码。车架号码作为汽车重要的"身份"特征,不法分子也会绞尽脑汁

加以修改。汽车在出厂前打印车架号码时用力均、力度大、背面凸印匀称。检查时要看车架号码处是否比正常的要凸出一些,再用手试试车架号码处铁皮的厚度与附近厚度是否一致。此外,不法分子还会将车架号码处的铁皮部分或整体切下,再焊接上假的车架号码,对此,要仔细看有无焊接的痕迹。还有不法分子常常在原号码上打磨凿改再喷漆,结果正面修改了背面却留有原来的痕迹,于是有的不法分子就把背面的凸印磨掉,让原号码彻底消失,这样做却恰恰留下狐狸尾巴可供查证。

⑤检查VIN代码。一是VIN码的标牌不损坏则不能拆掉,且字码在任何情况下都应是字迹清楚、坚固耐久和不易替换的;二是车辆指示部分由八位字码组成,其最后四位字码应是数字;三是车辆识别代号中的英文字母无I、O、Q。那么,如若发现VIN字码字迹不清、有手工打刻痕迹或出现I、O、Q等英文字母,则说明这辆车有问题。同时,不法分子为了销赃,往往将原来的VIN码拆掉,然后谎称遗失或损坏,此时我们就要留个心眼,最好到车管部门或者相关车型的网站查询对应车型的VIN码。

(3)查看车辆外观是否全身重新做过喷漆,或者改变原车辆的颜色。一是打开发动机舱查看线或管的布置是否有条理,发动机和其他零部件是否正常、有无杂音,空调是否制冷、有无暖风,发动机及其他相关部件有无漏油等现象。二是车辆内饰材料是否平整,表面是否干净。尤其要特别仔细检查压条边沿部分,因为经过再装配的车辆内装饰压条边沿部分会有明显的手指印或其他工具碾压过后留下的痕迹。此外,车顶装饰材料或多或少也会留下弄脏过的迹印。

(4)检查车锁、车钥匙、点火装置及转向盘。检查点火开关和车锁,查看是否完好,有无更换痕迹,并检查车钥匙是否原配。不法分子往往采用破坏车门锁、转向盘锁和点火开关的方法将车盗走,然后换上新锁。在卸锁和换锁的过程中,不法分子肯定会在车锁、转向盘边缘或车门附近留下撬、划的痕迹,这些都需要仔细查看。

(5)检查车玻璃。砸碎车玻璃进入车内进行盗窃,是不法分子经常使用的方法之一。此时,我们可重点查看车玻璃是否被损坏或更换过。这是因为,汽车的所有原装玻璃都是相同型号的,而不法分子后配的车玻璃一定和原车玻璃存在差异。这种差异可能体现在玻璃色泽上,(如捷达车的全车为绿色车窗),也可能体现在车窗品牌或型号上。此外,在打碎玻璃后,不法分子用铁丝钩开车门锁时也可能会使前门的玻璃密封条松动或损坏,此处也应该成为重点检查项目。

学习任务4　判别事故车

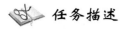

在对张先生所驾旧车辆进行识伪检查后,王笑笑对该车辆进行进一步检查,检查是否发生过事故。

建议学时:6学时

学习准备

一、知识准备

(1) 检查是否是事故车辆主要可采用哪两种方法？

(2) 事故车辆检查的具体步骤及要求有哪些？

(3) 什么是碰撞车、泡水车和火灾车？请叙述判别它们的基本方法要点。

(4) 找出任务描述中的关键词，通过查阅本学习任务的学习参考资料，对应整理出完成该任务所需要的知识点和技能点（表2-17）。

知识点和技能点　　　　　　　　表2-17

知识点	1.
	2.
	3.
	4.
	5.
技能点	1.
	2.
	3.
	4.
	5.

二、工作场所

一体化教室。

三、工作器材

车辆，工单，电脑网络（工作台）。

计划与实施

(1) 现场鉴别车辆事故种类。

(2) 在教师的引导下分组，以小组为单位学习相关知识，并回答下列问题。

①假如该车辆为泡水车，那么它的鉴别方法有哪些？

②小组学习，查阅工作页后填写表2-18。

③完成本工作任务需要扮演哪些角色？这些角色的分工如何安排？请小组讨论后，由组长填写任务分工表（表2-19）。

④整理出判别泡水车的基本步骤和方法。

⑤小组按照工作步骤演练任务,并进行角色轮换。

工作项目及检查记录表 表2-18

工作项目	执行人	检查记录	执行步骤
检查发动机舱			
检查行李舱			
检查管线			
检查座椅			
检查地胶			

任 务 分 工 表 表2-19

姓　　名	角色名称	工作内容	所需工具

评价与反馈

一、学习效果评价

1. 知识考核(选择题)

(1)车辆事故历史及修复情况判断的检查项目有(　　)。
　　A.车辆碰撞事故　　B.车辆泡水事故　　C.车辆火灾事故　　D.车辆盗抢事故

(2)下面不属于事故车的是(　　)。
　　A.泡水车　　　　　　　　　　　　B.大修车
　　C.过火车辆　　　　　　　　　　　D.严重碰撞或撞击的车辆

(3)下列对车辆外观漆面整体进行检查的方式正确的有(　　)。
　　A.利用漆面反光观察,对大面积着漆部件进行观察,找到色差及钣金痕迹
　　B.细致观察外观着漆部件,寻找喷漆修复的瑕疵痕迹,以此判断喷漆部位及范围
　　C.车辆正前方、正后方各3m距离,与车体高度一致,观察车辆整体,判断是否左右平衡、各部件是否对称
　　D.对所有外观部件的密封胶条进行仔细检查,主要检查补漆时留下的漆雾、残漆、破损等痕迹

(4)下列对泡水车的说法错误的是(　　)。
　　A.车辆泡水事故的维修,大都以继续使用和掩盖泡水痕迹为原则
　　B.维修人员在维修过程中会极力掩盖车辆表面的泡水痕迹
　　C.泡水车由于长期有其他部件覆盖或遮掩,泡水痕迹仍会再次显现,突出表现

为锈蚀和霉变

D. 在我国北方城市由于台风、暴雨频繁，车辆发生泡水的概率比较高

2. 技能考核

假如这是一辆火灾车，请学生按照上述步骤、方法及要求进行操作，并填写表2-20。

学生实践记录表　　　　　　　　　　　　　　　表2-20

班级		车型及年款	
姓名		车辆识别码	
学号		里程数	
实践项目		实践设备		维修工单号	
实践流程					
结果分析					
防范措施					
自我评价	良好□　　合格□　　不合格□					
教师评价	良好□　　合格□　　不合格□ 教师姓名：　　　　　　　　　　　　年　月　日				

二、学习过程评价

在完成本单元所有学习任务后，通过小组会的形式进行总结和思考（表2-21）。

学习过程评价反馈表　　　　　　　　　　　　表2-21

序号	评价项目	学习任务的完成情况	签名
1	工作页的填写情况		
2	独立完成的任务		
3	小组合作完成的任务		
4	教师指导下完成的任务		
5	是否达到了学习目标，特别是能否独立根据车辆外观特征对事故种类进行鉴定		
6	存在的问题及建议		

学习参考资料

当前,在市场上进行交易的二手车有很多都是事故车,有的车辆被轻微刮蹭过,有的车辆受到较重的碰撞,这些事故车一般都在经过维修或更换零部件之后车主才将其卖掉,更有甚者则直接将事故车辆转让。机动车发生事故无疑会极大地损害车辆的技术性能,即使经过了维修,其技术性能也有好有坏。因此,正确判别车辆是否发生过事故,了解其事故历史及修复情况,对于准确判断车辆技术状况、合理评定车辆交易价格、判定车辆贬值情况等均具有重要意义。

一、检查方式

1. 车辆事故历史及修复情况判断

车辆事故历史及修复情况判断一般有观察法和触摸法两种方法,即:

(1) 观察法。就是利用车辆外观金属部件的金属记忆性以及对制造厂原厂制造工艺的了解,从不同角度观察外观金属部件的漆面、钣金,从而发现车辆事故历史的存在。观察的具体内容包括:漆面钣金、螺栓、门轴、内里衬板等。检查的内容不同,方法也略有不同。

(2) 触摸法。就是在对原厂制造工艺的充分了解基础上,用触摸的方法检查车辆外观部件的边缘及特殊位置,利用触觉判断部件是否经过钣金修复。触摸的具体内容包括:金属部件的边缘、漆面、焊接部位等。

2. 检查部位的顺序及要求

(1) 检查顺序:一般按照从前向后、逆时针依次检查各个外观部件的方式展开;对于个别部件可左右两边同时检查,以方便对称部件的对比检查。

(2) 检查步骤及要求:

① 外观漆面整体检查,包括漆部件的整体使用及维护情况、喷漆、钣金修复痕迹的初步判断和车体外观的整体平衡检查。

② 外观部件局部检查,包括部件独立检查,含部件表面接触或固定的车窗玻璃、密封条及其他部件,以及对漆面检查发现的钣金修复痕迹的进一步确认,初步判断相邻部件的修复情况是否具备同时性。

发动机罩的检查如图 2-16 所示。

③ 内部部件检查,包括深度挖掘车辆事故及修复情况,充分了解车辆整体结构的伤损情况,以及从内部判断车辆外观的完成程度,确定损伤范围和级别,为评估定价提供可靠依据。

④ 其他项目检查,包括车辆底盘、车轮、线束、部件衬垫、内饰细节等其他项目的细节检查(图 2-17)。通过对这些细节的检查,再次确认事故修复的程度。同时,还应包括泡水、火灾事故情况的单独检查。

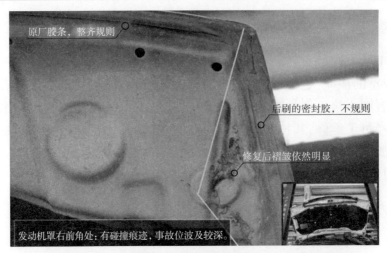

图 2-16　发动机罩的检查

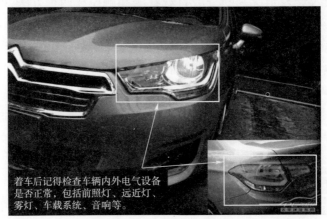

图 2-17　车辆内外电气设备检查

二、检查的方法

大体而言,我们可以通过以下三个方面对车辆进行事故检查。

1. 检查车辆的周正情况

在汽车制造厂,汽车车身及各部件的装配位置都是在生产线上经过严格调试的装夹具保证的,装配出的车辆各部分均对称、周正。而维修企业对车身的修复则是靠维修人员目测和手工操作,装配往往难以保证精确。因此,检查车身是否发生过碰撞,可站在车的前部观察车身各部分的周正、对称状况,特别注意观察车身各接缝处,如出现不直、缝隙大小不一、线条弯曲、装饰条有脱落或新旧不一等现象,则说明该车可能出现过事故或曾修理过。具体方法有:

(1) 在车辆正前方5m或6m的距离处蹲下,然后沿着轮胎和汽车的外表面向下看车辆的两侧。在车辆两侧,前、后车轮应该排成一线。接着,走到车辆后方进行同样的观察,前轮和后轮应该仍然成一条直线。如若不是这样,则表明车架或整车车身弯了。而即使左侧前、后轮和右侧前、后轮互相成一条直线,但一侧车轮比另一侧车轮更凸出车身,则表明该车辆曾碰撞过。

(2)蹲在前车轮附近,检查车轮后面的空间,即:车轮后面与车轮罩后缘之间的距离,用金属直尺测量这段距离。然后,转到另一前轮,测量车轮后面和车轮罩后缘之间的距离,该距离应该和另一前轮大致相同。接着,在后轮测量同一间隙。如果发现左前轮或左后轮和它们的轮罩之间的距离与右前轮或右后轮的相应距离存在很大的不同,则表明车架或整体车身弯了。

2. 检查油漆脱落情况

查看排气管、镶条、窗户四周和轮胎等处是否有多余油漆。如有,说明该车已做过油漆或翻新。用一块磁铁(最好选用冰箱柔性磁铁,这样不会损伤汽车漆面,且磁性足以承担此项工作)在车身周围移动,如遇突然减少磁力,则说明该处局部补了灰,做了油漆。而当用手敲击车身时,如敲击声发脆,说明车身没有补灰做漆;如敲击声沉闷,则说明车身曾补过灰做过漆。

如若发现有新漆迹象,则应查找车身制造不良或金属抛光的痕迹。沿车身看,并查找是否有像波状或非线性翼子板或后顶盖侧板那样的不规则板材。如发现车身制造或面板、车门、发动机罩、行李舱盖等配合不好的情况,则汽车可能曾遭受过碰撞,致使这些板面存在对准困难问题,也就是说,此时车架可能已经弯曲。

3. 检查底盘线束及其连接情况

在正常情况下,未发生事故的车辆,其连接部件应配合良好,车身没有多余焊缝,线束、仪表部件等应安装整齐、新旧程度接近。因此,在检查车辆底盘时,应认真观察车底是否漏水、漏油、漏气,锈蚀程度与车体上部检查的是否相符,是否有焊接痕迹,车辆转向节臂、转向横直拉杆及球头销处有无裂纹和损伤,球头销是否松垮,连接是否牢固可靠,车辆车架是否有弯、扭、裂、断、锈蚀等损伤,螺栓、铆钉是否齐全、紧固,车辆前后是否有变形、裂纹等。此外,固定在车身上的线束是否整齐,新旧程度是否一致,这些都可以作为判断车辆是否发生过事故的线索。车辆行李舱内部检查如图2-18所示。

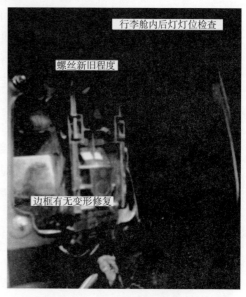

图2-18 车辆行李舱内部检查

三、碰撞车、泡水车、火灾车的判别

除了上述方式方法外,通常,我们所说的事故车辆重点指的是碰撞车、泡水车和火灾车三种。下面,本节将重点讲述此三种事故车的判别方法。

1. 碰撞事故车辆的判别

1)正面碰撞损伤判别

汽车正面碰撞的事故很多,即使一个小的追尾,保险杠也会向后移动;而中度正面碰撞则会使保险杠支架、散热器框架、前翼子板、前纵梁弯曲;如果冲击力再大些,则前翼子板将接触前车门,前纵梁将在前悬架横梁处产生折皱损伤;如果冲击力非常大,则车身A柱(特别是汽车前门上部铰链安装部分)将会弯曲,这将引起前车门的脱落、前纵梁折皱、前悬架横梁弯曲、仪表板和车身底板弯曲并吸收能量。如图2-19所示。

如果正面碰撞是以一定角度碰撞的,则以前横梁的接触点为轴,向侧面和垂直方向弯曲。因为左右纵梁是通过横梁连接的,汽车碰撞的冲击力从碰撞接触点通过前横梁传递到汽车另一侧

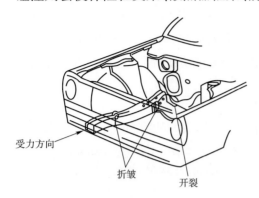

图2-19 承载式车身汽车折和断裂作用

纵梁上引起变形。评估人员作检查时要注意类似间接损伤的影响,检查重点应包括以下内容:

(1)前保险杠及吸能装置。检查保险杠是否有打磨、焊接、喷漆的迹象,检查保险杠与前照灯、翼子板等零件的配合间隙是否均匀,进而判别是否有过事故。检查时,应注意检查吸能器的固定轴和固定板是否弯曲,橡胶垫是否撕裂。当固定轴出现弯曲或者橡胶垫脱离于安装位置时,吸能器就必须予以更换。

散热器支架一般焊接在前翼子板和前横梁上形成车辆前板。在一些非承载式车身结构的车辆中,散热器支架用螺栓固定在翼子板、车轮罩和车架总成上,除了提供前部钣金件的支撑外,也支撑散热器及相关冷却系统零部件。检查时,仔细观察散热器支架是否经过维修,检查散热器支架两端的密封剂是否完好,以及标牌是否完好。如果密封剂、漆面有维修痕迹,则意味着该车前部有过碰撞损伤。

(2)发动机舱盖与前翼子板。评估人员应检查发动机舱盖与两侧翼子板之间的缝隙是否均匀,检查内、外板及外部边缘减振胶是否均匀。如果密封剂、漆面有维修痕迹,则意味着该车发动机罩有过碰撞损伤。此时,可检查翼子板紧固螺钉是否有维修过的痕迹,检查其表面腰线是否规整。用手指轻轻敲击表面,判别是否有打磨迹象。如果声音浑厚,则表明进行过打磨、喷漆。

(3)前纵梁。前纵梁是前部最重要的结构件,影响乘客的安全性及关键部件的安装尺寸。前纵梁发生碰撞出现弯曲,以拉伸校正为主。经拉伸后如严重开裂应进行更换。可根据不同损伤程度进行更换。检查时要仔细查看前纵梁是否有钣金、喷漆迹象。

2)侧面碰撞损伤判别

(1)车门。汽车侧面受到碰撞时,常常会导致车门、车身中柱甚至车身底板发生弯曲变形。检查车门时要多次开关车门,如果关闭车门听见"嘭、嘭"声音,说明车门密封良好;检查车门与车身的配合间隙,如果间隙较大,说明该车门有过事故;检查玻璃的年份标签是否和车本身生产年份一致,如车门玻璃年份与17位编码年份不一致,说明该车

有过较大事故,玻璃曾经更换过。

(2)前围板及仪表板。现在的汽车其前围板和仪表板通常焊接在前底板、左右车门槛板和前门铰链立柱上。在采用承载式车身的车辆上,轮罩(挡泥板)和前纵梁也焊接在前围板上。当车辆A柱侧面受到严重撞击时会造成前围板损伤。仪表板总成安装在前围板上的仪表板上,是车身附属设备中最重要的组成部分之一。仪表板多采用塑料件为框架,将各部件组装到框架上后,再用螺栓固定到车身上。评估人员应检查仪表台紧固是否松动,位置是否正确。

(3)A柱、B柱、C柱。A、B、C柱的位置如图2-20所示。

A柱是前门铰链立柱和风窗玻璃立柱的统称,包括内、外板件。内、外板件焊接在一起形成牢固紧凑的结构。车辆A柱损伤无法校正,维修时可通过切割、分离,再将配件焊接在此位置上的方法维修。通常会在维修手册中提供能切割的部位,切割时,必须按要求进行,不能对车辆的整体结构造成损伤。

B柱又称中柱,通常B柱由内板件和外板

图2-20 车辆A、B、C柱

件组成,焊接在车门槛板、底板和顶盖纵梁上,形成一个紧凑的结构。B柱不仅为车顶盖提供支撑,而且为前门提供门锁接触面,又作为后门门柱。B柱被碰撞而严重变形时,应进行更换。更换B柱前,通常在车顶盖下沿处切割B柱。切割部位在维修手册中可找到。而当B柱和车门槛板同时毁坏时,则一般把B柱和车门槛板作为总成进行更换。评估人员作损伤评估时,要考虑B柱的切割和焊接作业工时,同时要考虑拆除后车门、前座、松开汽车衬里、卷起垫子和地毯、B柱饰件、车门密封条拆卸和安装等的工时,以及抗腐蚀材料费用及防腐处理工时等。

C柱又称后柱,除了起到支撑门框的作用外,它与A柱、B柱的不同之处就是不存在视线遮挡及上下车障碍等问题,因此构造尺寸大些也无妨,关键是C柱与车身的密封性要可靠。

(4)车门槛板。车门槛板通常由内、外板件组成,是承载式车身重要的结构组成部分。在一些车辆上,外板件被直接焊接在底板上。它为驾驶室底板提供支撑。承载式车身车辆的车门槛板由高强度钢板制成,其两侧经电镀处理,以提高其抗腐蚀能力。

(5)车顶。车顶包括前后横梁、侧边纵梁和一大块金属板,作用是将车身顶部围住。

3)后面碰撞损伤判别

车辆后面受到碰撞时,如果碰撞冲击力较小,后保险杠、后围板、车尾行李舱盖和车身底板则会变形;如果碰撞冲击力较大,后翼子板、后纵梁等将会被压溃。

2. 泡水事故车辆的判别

泡水车又称灭顶车、全泡车,是指泡水时,水线超过发动机舱盖,水线达到风窗玻璃下沿的车辆。车辆经水淹后外观上没有太大变化,但水淹后操作或维修不当致使发动机损坏、电控系统损坏的情形却很常见。浸泡数日的汽车不但维修费用很高,而且以后还会经常出现诸多故障。

一般的判别方法是观察法,即仔细观察特定位置、特定部件。对泡水事故留下的痕迹进行挖掘、寻找。一般建立在车辆有泡水事故嫌疑的基础上。

主要的检查项目和方法包括:

(1) 发动机舱或行李舱主要金属部件的表面,观察是否留有锈蚀或白色露点。

(2) 主要管线或套管,观察接头及套管内部是否留有污渍或污泥。

(3) 发动机舱密封隔声部件,观察有无白色露点。

(4) 座椅、无论织物还是皮革,泡水后会发霉,车厢密封,霉味严重。

(5) 驾驶室地板地胶内部,泡水后会留有霉点印记,更换地胶仍旧存在。

此外,我们还应当注意以下问题:

(1) 是否签订了有问题车辆的合同。目前,部分省份的工商部门推荐使用的二手车买卖合同上,有明确披露是否事故车一项,泡水、严重撞击、火烧、发动机改动都在必须申报之列。合同还规定了违约责任,如果经销商隐瞒事故车,消费者不但有权终止买卖,而且可以要求经销商赔偿相应损失。如果条款未能涉及该条款,应附加相应内容为妥。

(2) 是否选择了品牌二手车商家。目前,我国的二手车市场上活跃着大量的个人经纪,这些经纪在一些二手车市场临时租赁一个简易摊位,在车主发现车辆出现质量问题而欲要求索赔时,对方早已人去楼空。因此,购买二手车时,要选择有规模的商家,降低购买问题车的风险。

(3) 对特价二手车应多加警惕。对于车行的"便宜车",应多加警惕,避免购买到问题车。

值得注意的还有,水的种类、水淹时间、水淹高度都是确定水淹损失程度的重要参数。不同的水质(海水会损坏漆面)、水淹时间、水淹高度对车辆的损伤各有不同,必须在现场查勘时仔细检查,并作明确记录。

车辆水损程度影响因素包括水质、水淹时间、水淹高度等。水损级别如图 2-21 所示。

水损损失评估表见表 2-22。

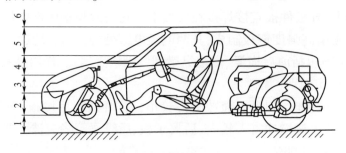

图 2-21 水损级别示意图

水损损失评估表　　　　　　　　表 2-22

水损等级	水淹时间	水淹高度	水损分析
一级	$H \leq 1h$	制动盘和制动鼓下沿以上,车身地板以下,乘员舱未进水	可能造成的受损零部件主要是制动盘和制动鼓。损坏形式主要是生锈,生锈的程度主要取决于水淹时间的长短以及水质
二级	$1h < H \leq 4h$	车身地板以上,乘员舱进水,而水面在驾驶员座椅垫以下	除一级水损外,还会造成以下损失: (1) 四轮轴承进水。 (2) 全车悬架下部连接处因进水而生锈。 (3) 配有 ABS 的汽车的轮速传感器失准。 (4) 地板进水后车身地板如果防腐层和油漆层本身有损伤就会造成锈蚀。 (5) 部分控制模块水淹后会失效
三级	$4h < H \leq 12h$	乘员舱进水,水面在驾驶员座椅座垫面以上,仪表工作台以下	除二级损失外,还会造成以下损失: (1) 座椅潮湿和污染。 (2) 部分内饰的潮湿和污染。 (3) 真皮座椅和内饰损伤,桃木内饰会分层开裂。 (4) 车门电动机进水。 (5) 变速器、主减速器及差速器可能进水。 (6) 部分控制模块被水淹。 (7) 起动机被水淹。 (8) 中高档车行李舱中 CD 换片机、音响功放被水淹
四级	$12h < H \leq 24h$	乘员舱进水,水面至仪表工作台中部	除三级损失外,还可能造成以下损失: (1) 发动机进水。 (2) 仪表台中部分音响控制设备、CD 机、空调控制面板受损。 (3) 蓄电池放电、进水。 (4) 大部分座椅及内饰被水淹。 (5) 各种继电器、熔丝盒可能进水。 (6) 大量控制模块被水淹
五级	$24h < H \leq 48h$	乘员舱进水,仪表工作台面以上,顶篷以下	除四级损失外,还可能造成以下损失: (1) 全部电气装置被水泡。 (2) 发动机严重进水。 (3) 离合器、变速器、后桥可能进水。 (4) 绝大部分内饰被泡
六级	$H > 48h$	水面超过车顶,汽车被淹没顶部	汽车所有零部件都受到损失

3. 火灾事故车辆的判别

火灾车又称过火车,无论是自燃还是外燃,只要发动机舱或乘员舱发生严重火灾,燃烧面积较大,机件损失严重的,就应当列为火灾事故车。

车辆的火灾,一般由发动机舱引起。所以,在检查时,也应以发动机舱检查作为重点。检查方法一般采用观察法,主要观察重点部件的火烧痕迹和更换情况。如果前、后两种情况同时出现,则可判别该车辆发生过火灾事故。

主要的检查项目和方法包括:

(1)观察发动机油管、蓄电池线束及空调管路。这些地方一般都是引起火灾的源头,可主要观察部件表面有无焦灼痕迹或全部整体更换的情况。

(2)观察发动机舱内部着漆部件(翼子板内楦、发动机罩内侧、防火墙、小横梁及车辆纵梁)是否存在部分或全部重新喷漆。

(3)驾驶室内部,有无明显灼烤气味,部件有无批量更换。

(4)空调出风,有无明显的灼烤气味。

车辆的火灾事故的发生概率一般不高,但一旦发生,都比较严重。修复的难度也很大,多以更换部件为主要维修手段。且火灾烧伤面积比较大,一次性损伤的部件多,所以修复时更换的部件也就比较多。我们在对有火灾事故嫌疑的车辆进行判别时,一定要注意车辆火灾事故的这一特性。

单元3　二手车鉴定及价值评估

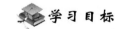 学习目标

⭐ 知识目标

1. 叙述车身外观检查的主要项目。
2. 根据表单说明车身修复费用的构成及计算方式。
3. 能叙述发动机舱内九大部分检查的项目。
4. 能指出评估车辆的具体问题；并根据评估表对评估车辆进行缺陷描述。
5. 能够独立完成驾驶室内各项目内容的检查。
6. 能叙述驾驶室内各项内容的检查数据范围。
7. 能叙述发动机工作性能的主要检查项目。

⭐ 技能目标

1. 根据评估表对实车进行缺陷描述。
2. 能根据评估标准对实车评估具体分值。
3. 能解释一些有关汽车的常识性问题，为解答客户的提问做准备。
4. 熟悉驾驶室内各设备的使用方法及检查要点。
5. 能够独立完成车辆指示灯或警报灯、发动机工作性能的起动检查。
6. 能够正确判断发动机排气颜色的现象。

二手车鉴定评估是由鉴定评估人员结合市场资料，在对市场进行预测的基础上，遵循法定或公允的标准和程序，运用科学的方法，对二手车的现时价格作出的预测估算。其中包括二手车手续检查、技术鉴定和价格估算的过程。车辆的技术鉴定工作在整个二手车认证过程中最为重要，需要通过专业的评估师和专业的检测工具，对二手车进行全方位的检测，并对各项检测结果进行汇总、评估，最后对车辆进行综合评定并得出评估价格。

本单元重点介绍二手车包括车身外观、发动机舱、驾驶室、底盘等六个方面的动、静态检测，旨在让学生在完成本单元学习后，了解二手车评估要求的相关知识；熟悉二手车各部分检查的主要内容；掌握二手车检查仪器的结构原理和使用要求；掌握二手车各项检测的结果汇总；了解二手车评估价格的计算方法。

学习任务1 车身外观检查评估

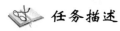

任务描述

早上九点钟,王先生开着奥迪A6轿车来到店中,钱多多赶忙迎上去,原来,这位王先生想将这辆开了3年的奥迪轿车卖掉,换部越野车,今天来是想评估一下他的这辆座驾。钱多多很兴奋,这是他入职以来接手的第一单生意,他一定要好好表现。在安置好顾客后,他在大脑中迅速理清了工作程序,满怀信心地开始第一步工作:对该车的外观进行检查评估。这个环节需要很细心,车身漆面、车身配合间隙、车身尺寸和行李舱都是检查的要点,钱多多不敢有丝毫的马虎,看着他专业、认真地检查、登记,王先生对这位年轻的小伙子产生了信任。

建议学时:6学时

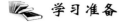

一、知识准备

(1)你认为在车辆外观检查中哪些项目最关键?(查阅本学习任务的学习参考资料)。

(2)如何对评估车辆进行缺陷描述及评估分值?(查阅本学习任务的学习参考资料)。

(3)评估车辆外观,评估得分在二手车最终评估结果中所占分值如何?

(4)找出任务描述中的关键词,通过查阅学习参考资料,对应整理出完成该任务所需要的知识点和技能点(表3-1)。

知识点和技能点　　　　　　　　　　　表3-1

知识点	1.
	2.
	3.
	4.
	5.
技能点	1.
	2.
	3.
	4.
	5.

二、工作场所

一体化教室。

三、工作器材

车辆,汽车防护三件套,磁性测厚仪,计算器,车身锉,卷尺,车身检查登记表。

 计划与实施

(1)现场对评估车辆进行外观检查及评估。

(2)在教师的引导下分组,以小组为单位学习相关知识,并解决下列问题。

①小组学习,查阅工作页后填写(表3-2)。

车辆外观检查评估工作表 表3-2

工作项目	执行人	检查记录	执行步骤
车身漆面检查			
车身漆面修复费用确定			
车身配合间隙检查			
车身尺寸检查			
车身防腐检查			
行李舱检查			

②小组讨论如何描述车身外观检查结果并填写表3-3。

车身外观检查登记表 表3-3

代码	部位	检查描述
1	发动机罩表面	
2	左前翼子板	
3	左后翼子板	
4	右前翼子板	
5	右后翼子板	
6	左前车门	
7	右前车门	
8	左后车门	
9	右后车门	
10	行李舱盖	
11	行李舱内则	
12	车顶	

续上表

代　码	部　　位	检查描述
13	前保险杠	
14	后保险杠	
15	左前轮	
16	左后轮	
17	右前轮	
18	右后轮	
19	前照灯	
20	后尾灯	
21	前风窗玻璃	
22	后风窗玻璃	
23	四门风窗玻璃	
24	左后视镜	
25	右后视镜	
26	轮胎	

评估描述：划痕——HH，变形——BX，锈蚀——XS，裂纹——LW，凹陷——AX，修复痕迹——XF。

③完成本工作任务需要扮演哪些角色？这些角色的分工如何安排？请小组讨论后组长填写任务分工表（表3-4）。

任务分工表　　　　　　　　　　　　　　　　　　　　　　　表3-4

姓　名	角色名称	工作内容	所需工具

④整理出车辆外观检查评估工作步骤。

⑤小组按照工作步骤演练任务，并进行角色轮换。

评价与反馈

一、学习效果评价

1. 知识考核（判断题）

（1）车身检测首要目的是看"伤"，即看车主的二手车有没有严重碰撞的痕迹。

（　　）

（2）存放闲置的汽车，由于自然力作用，产生的腐蚀、老化，或由于维护不善，丧失工

作能力而形成的损耗是汽车的无形损耗。   (   )
（3）静态检查包括对汽车的识伪检查和外观检查。   (   )
（4）碰撞或撞击后，车架大梁弯曲变形、断裂后修复的属于事故车。 (   )
（5）漆面光照度有差别，反光不一样，甚至出现凹凸不平，或有明显的橘皮状，这说明该处车身有过补灰做漆。   (   )

2．技能考核

例如：评估一辆在用的轿车，该车是使用了 3 年的奥迪 A6 轿车，检查中发现该车右后车门有道 10cm 的划痕，行李舱内有小面积锈蚀，前保险杠变形，请按照二手车评估中发动机舱的工作步骤及要求进行操作，并填写表3-5。

学生实践记录表　　　　　　　　　　　　　　　　　　　　　表 3-5

班级		车型及年款	
姓名		车辆识别码	
学号		里程数	
实践项目		实践设备		评估员单号	
实践流程					
结果分析					
相关解答					
自我评价	良好□　合格□　不合格□				
教师评价	良好□　合格□　不合格□ 教师姓名：　　　　　　　　　　　　　年　月　日				

二、学习过程评价

在完成本单元所有学习任务后，通过小组会的形式进行总结和思考（表3-6）。

学习过程评价反馈表　　　　　　　　　　　　　　　　　　　表 3-6

序号	评 价 项 目	学习任务的完成情况	签　名
1	工作页的填写情况		
2	独立完成的任务		
3	小组合作完成的任务		
4	教师指导下完成的任务		

续上表

序号	评价项目	学习任务的完成情况	签 名
5	是否达到了学习目标,特别是能否叙述车辆外观检查的流程,独立操作步骤是否完整		
6	存在的问题及建议		

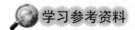学习参考资料

一、二手车外观检查顺序

二手车外观检查顺序如图 3-1 所示。

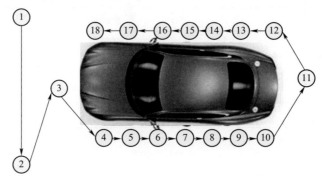

图 3-1　检查顺序图

(1) 检查右侧腰线及整体状况。

(2) 检查左侧腰线及整体状况。

(3) 检查前中网、保险杠、发动机罩漆面状况。

(4) 检查左前翼子板漆面及轮胎、减振器状况。

(5) 检查前风窗玻璃及 A 柱状况。

(6) 检查左前门及车顶漆面状况。

(7) 检查 B 柱及下裙状况。

(8) 检查左后门及 C 柱漆面状况。

(9) 检查左后轮及减振器状况。

(10) 检查左后翼子板及后风窗玻璃状况。

(11) 检查行李舱盖漆面及尾灯状况。

(12) 检查右后翼子板及后风窗玻璃状况。

(13) 检查右后轮及减振器状况。

(14) 检查右后门及 C 柱漆面状况。

(15) 检查 B 柱及下裙状况。

(16) 检查右前门及车顶漆面状况。

(17)检查前风窗玻璃及 A 柱状况。

(18)检查右前翼子板漆面及轮胎、减振器状况。

二、车身外观检查要点及相关知识

1. 外观漆面整体检查

1)检查的意义

(1)通过对车辆外观着漆部件的漆面进行检查,发现色差、喷漆、钣金、脱漆、龟裂、部件错位、破损等问题。

(2)判断车辆外观漆面整体使用、维护情况。发现车辆事故及修复的外观痕迹。为进一步判断车辆事故历史及修复情况提供有力依据。

(3)找出曾进行喷漆或钣金修复的外观部件,并准确判断修复的程度、范围。

(4)检查车辆平衡对称情况,从外观判断车辆悬架位置,从整体角度检查车辆是否存在重大事故嫌疑。

2)检查的方法

(1)目测法检查外观漆面。

①油漆色差检查。新补的油漆,往往色彩不同于原车漆色,一般经电子配漆配出的漆色比原车的漆色要鲜艳,而人工调出的漆色多比原漆色调要暗淡些。如果车龄较长,补漆往往比较多,因而整个车身各个部位颜色都有差异,甚至找不出原车的漆色。经多次修补后漆面厚度较厚,且小磁铁不易吸附上去,这说明该地方已填补过;或轻轻敲打钣金件表面,声音较清脆的地方为原车钣金件,声音较浑厚的地方为后期修补过的地方。

②车身平整度检查。车辆若有大面积撞伤部位时,补腻子的面积就会比较大,腻子打磨时往往磨不平,因而补过漆的车身表面,在侧面迎光看上去如同微微的波浪一样,且凹凸不平。

③补漆质量检查。补过的漆往往存在以下质量问题:丰满度不如原车的油漆,油漆表面有流痕,表面有不规则的小麻坑,表面有小麻点等。

通过上述漆面质量检查,可以判断一辆车被撞面积有多大,车身可能受过多大的损伤。假如发现油漆表面有龟裂现象,但车辆未被撞过,那么该车至少已使用了大约 10 年或更久。

(2)用检测仪检查外观漆面。漆膜厚度还可以用漆膜厚度仪进行精确测定,覆层厚度的测量方法主要有:①楔切法、②光截法、③电解法、④厚度差测量法、⑤称重法、⑥X 射线荧光法、⑦β 射线反向散射法、⑧电容法、⑨磁性测量法及⑩涡流测量法。这些方法中前五种是有损检测,测量手段烦琐,速度慢,多适用于抽样检验。磁性测厚仪操作简便、坚固耐用、不用电源、测量前无须校准,价格也较低,所以应用最广。CMI150 两用涂层测厚仪如图 3-2 所示,常用于航天航

图 3-2　CMI150 两用涂层测厚仪

空器表面、车辆、家电、铝合金门窗及其他铝制品等表面漆的检查。

(3)漆面常见缺陷及原因。二手车曾有磕碰在所难免,修补漆也在所难免。而在涂装过程中,难免会出现缺陷。评估师要掌握分析缺陷的产生机理,并具备对各类缺陷进行补救的技能。涂装过程中常见的缺陷有渗色、鼓泡、起云、开裂、灰尘、表面无光、起皱、咬底、流淌、砂纸痕、橘皮、塑料件脱漆和细裂纹等。其产生原因见表3-7。

漆面常见缺陷及原因　　　　　　　　表3-7

缺陷	常见现象	产生原因
渗色	漆膜表面变色,一般呈晕圈形态,严重时,漆膜颜色完全改变,通常在红色、褐色的车漆表面喷涂时会发现此现象	底层油漆中的颜料被新漆层中的溶剂溶解并吸收
鼓泡	漆膜表面出现较大的圆形鼓泡或气泡,通常出现在接缝区域或死角处,或在原子灰较厚的表面	(1)由于底漆、原子灰等的施工不当; (2)漆膜连接处的羽状边(薄边)处理不当; (3)用劣质稀释剂或稀释剂不足、压缩空气的压力太高等; (4)漆膜盖在缝隙或死角上,使漆膜下面形成空隙; (5)没能正确地处理及封闭基材
起云	常发生于金属色漆膜上。在喷涂后,颜色变得较白并成云团状,又被称为起斑或起雾等	(1)采用不匹配的催干剂或稀释剂,特别是采用快干型稀释剂; (2)喷枪调整不当; (3)喷涂方法不对,漆膜太厚,漆膜挥发时间不足; (4)基材表面温度太高或太低; (5)干燥方法不对
开裂	漆膜发生无规则的断裂或裂缝,通常发生在基材上被填补的缝隙或板的边缘附近。漆膜裂缝常形成三角星形	(1)漆料混合不均匀,稀释剂不足或型号不对; (2)表面处理不好,砂纸太粗、清洗不净或缝隙填补不当; (3)压缩空气管中有油或水; (4)漆膜太厚,各道油漆之间的流平时间不够; (5)喷漆时基材温度太高或太低; (6)在充分固化前,而漆膜上喷涂了热固性油漆
灰尘	用手摸上去感觉漆膜表面粗糙不平,像有许多杂质微粒陷在漆膜表面或被漆膜覆盖,又被称为颗粒、麻点等	(1)基材表面处理不好; (2)喷漆时或喷漆后不久,空气中飘浮的微粒落在漆膜表面或陷入漆膜中; (3)盛油漆的容器敞口或生锈导致灰尘混入油漆中

续上表

缺陷	常见现象	产生原因
表面无光	漆膜表面平整光滑,但缺少光泽,在显微镜下观察漆膜表面粗糙,又被称为异常失光	(1)底漆附着力差,或底漆未彻底固化就喷涂了面漆; (2)使用的稀释剂质量太差或型号不对; (3)油漆调配或喷涂方法不当; (4)基材表面质量太差; (5)由于湿度太大或温度太低,漆层干燥速度太慢; (6)溶剂蒸气或汽车废气侵入了漆膜表面; (7)漆膜表面受到蜡、油脂、水等的污染
起皱	漆膜上出现程度不同的隆起、起皱(又被称为咬起、烤漆起皱)等	(1)漆膜太厚; (2)各漆层间流平时间不足,强制性干燥,空气温度不均; (3)油漆中使用的稀释剂型号不对或质量太差; (4)干燥速度过快
咬底	漆膜表面会隆起或起皱,严重程度不同,常见于羽状边缘周围,下面的漆层可能破裂至最外层	由于在热塑性丙烯酸漆或自干型合成树脂漆上喷涂了硝基磁漆或热固性油漆,使得面漆与底漆发生了化学反应
流淌	漆膜局部变厚,形状如同波浪线、浅滩或圆形的山脊,通常出现在倾斜角度大或竖直的表面上,又被称为流挂、垂流、滴下、流泪等	(1)喷涂的漆膜太厚; (2)使用的稀释剂型号不对或质量太差; (3)漆的黏度不合适,稀料太多; (4)空气或基材表面温度太低; (5)底漆表面有油污; (6)喷漆间光线太暗
砂纸痕	透过面漆会出现打磨的痕迹,又被称为砂纸痕扩大、直线砂痕、打磨痕等	(1)底漆表面的处理不当; (2)底漆没有充分硬化就喷涂了色漆层; (3)漆膜厚度不够或干燥速度太慢; (4)油漆混合不均匀
橘皮	漆膜表面会呈疙瘩状、不平整,类似橘子皮的外观,又被称为流平不良、粗糙表面、平整不良等	(1)喷涂方法不当; (2)漆膜太厚或太薄; (3)油漆混合不均匀; (4)各漆层间的流平时间不足; (5)环境温度或基材表面温度过高; (6)干燥不当

续上表

缺陷	常见现象	产生原因
塑料件脱落	漆层和聚合物（塑料）部件间失去附着性,该缺陷常发生在喷漆一段时间后	(1)清洁和准备不恰当; (2)底材处理不适当; (3)底材材质识别错误; (4)没有使用正确的底漆; (5)面漆使用不当
细裂纹	裂纹为色漆层小的细密型裂纹,约1.6~6.4mm	(1)暴露于有害物中; (2)漆料搅拌不均匀; (3)硬化剂使用不当; (4)旧漆或以前修补处对新涂的色漆层有全面抗力; (5)漆膜过厚

（4）修复费用的确定。二手车漆面状况对交易价格影响较大,二手车买卖中,漆面维修是常见工作。各地喷漆费用的计算方法各不相同,有的采用以面积乘以单价的计算方法;有的采用以常见覆盖件单件计算方法。喷漆工时费应包含喷漆需要的原子灰、漆料、油料、辅助添加剂等材料费。

①喷漆面积的确定。局部喷漆范围以最小范围喷漆为原则（即以该部位最近的接缝、明显棱边为断缝收边）,如翼子板腰线上部损伤以腰线以上的面积计算,而不是以整个翼子板全喷面积计算。

②喷漆单价的确定。常见的面漆大多以进口或合资品牌为主,如杜邦、新劲、PPG等品牌。面漆的种类与名称繁多,但大致可归结为喷漆和磁漆。漆种的鉴别也较为简单,可用原车加油口盖直接通过电脑分析判断汽车原面漆的种类。也可以现场用蘸有硝基漆稀释剂（香蕉水）的白布摩擦漆膜,观察漆膜的溶解度。如果漆膜溶解,并在白布上留下印迹,则是喷漆,反之则为磁漆。如果是磁漆,再用砂纸在损伤部位的漆面轻轻打磨几下,鉴别是否漆了透明漆层。如果砂纸磨出白灰,就是透明漆层。如果砂纸磨出颜色,就是单级有色漆层。最后借光线的变化,用肉眼看一看颜色有无变化,如果有变化,则为变色漆。通过上述方法,我们可以将汽车面漆分为四类:硝基喷漆、单涂层烤漆、双涂层烤漆、变色烤漆。

虽然各地喷漆费用的计算方法各不相同,但单位面积的涂饰费用基本相同。表3-8是某地4S店的各漆种收费参考价格。

③常见覆盖件的喷漆费。在实际工作中,常以覆盖件单件计算方法确定喷漆费用。表3-9列举了部分车型常见覆盖件的喷漆费用,可以根据车辆的类型、维修厂类别选择合适的喷漆标准。注意:全车喷漆时在不同修理厂对应的金额基础上应适当下调（约7%左右）。

单位面积的涂饰费用　　　　　　　　　　　　　　　　　　　　　表 3-8

项目	轿车喷漆单价(元)					客车喷漆单价(元)		货车喷漆单价(元)	
	微型	普通型	中级	中高级	高级	普通	豪华	车厢	驾驶室
硝基喷漆（m²）						100		50	100
单涂层烤漆（m²）	200	250	300	400	500	200	300		200
双涂层烤漆（m²）	300	350	400	500	600		450		
变色烤漆（m²）			550	650	750				

常见覆盖件的喷漆表　　　　　　　　　　　　　　　　　　　　　表 3-9

车型 部件价格(元)	奔驰 S320	宝马 X5	奥迪 A6	帕萨特	丰田 4500	捷达 04 款	夏利三厢	奇瑞 QQ
全车喷漆	11500 5000	10000 5000	4200 2800	3200 2400	4500 3200	2800 2000	1800 1200	1600 1000
发动机罩	1200	720	550	550	600	450	350	300
车顶	1200	700	550	550	600	450	350	300
行李舱盖	900	800	500	480	500	380	350	300
前保险杠	800	480	400	400	450	360	150	200
后保险杠	850	450	400	400	450	360	150	200
前翼子板	600	300	240	240	250	200	150	150
前门	800	420	240	240	260	240	200	200
后门	800	480	280	260	260	240	200	200
后翼子板	900	500	280	280	300	240	200	100
后围板	400	300	200	180	180	150	150	100
散热器框架	300	150	120	90	100	80	80	80
前纵梁（单侧）	300	150	150	120	150	100	100	80
大底防腐	400	500	200	200	200	180	150	120

（5）车身锈蚀检查。

①车身锈蚀常见部位。

汽车驾驶室底部橡胶垫覆盖部分、侧板、后底板及各钢板点焊连接处等部位，最易聚集露水及雨水，油漆又难以涂匀，容易引起缝隙锈蚀。

汽车车门下部是锈蚀的重要部位。车门的下边缘是由内、外板压合而成的,结合部油漆覆盖较差,雨水容易侵蚀。

②车身锈蚀机理。

汽车金属部件的腐蚀非常常见,而且大多出现在底盘、车身、发动机等零件中。为了延长机件的使用寿命,应采取相应方法延缓腐蚀。为此,必须掌握造成车身腐蚀的各种原因。

车身防腐材料破损。车身锈蚀是二手车车身常见的现象。现在大多数汽车的车身都采用双面镀锌钢板,一旦镀锌钢板被划伤,或车辆碰撞发生破损,断口处就会形成无数微小的浓差电池而造成的电化学反应腐蚀。这种腐蚀比氧化腐蚀还严重。

底盘防腐工作不充分。汽车底盘部件很容易被腐蚀,尤其在高湿度、高盐分的海滨地区和高寒的冰雪地带(因为很多地方冬季用盐水来化雪)。另一方面,在路况较差的地方,底盘部件经常受到撞击和磕碰(俗称"托底"),防锈涂层很容易被破坏。这些情况都会造成汽车底盘被腐蚀。

洗车方法不正确。由于雨、雪、风沙等恶劣天气对汽车漆面的腐蚀比平时厉害,尤其下雪后大量使用融雪剂,这就大大增加了对车的腐蚀,因此,雨雪过后应及时洗车。

③修复车身锈蚀的方法。

俗话说"烂车先烂底",现代汽车的底盘都很低,在行驶过程中,飞溅起来的沙石及行驶中底盘托底均会造成底盘防腐的损坏。加上雨雪天底盘易黏结泥块,受到雨水、雪粒的锈蚀,雪后道路上布满具有极强腐蚀能力的融雪剂,均会对底盘造成致命的损害,大大缩短车辆的使用寿命。

底盘装甲是解决车身锈蚀的好方法,底盘装甲的学名是底盘防撞防锈隔声涂层(底漆),它是一种高科技的黏附性涂层,其材质从早期的沥青发展到现在的橡胶、高分子树脂等。产品具有无毒、高遮盖率、高附着性,可喷涂在车辆底盘、轮毂、油箱、汽车下围板、行李舱等暴露部位,快速干燥后形成一层牢固的弹性保护层,可防止飞石和沙砾的撞击,避免潮气、酸雨、盐分对车辆底盘金属的侵蚀,防止底盘锈蚀,保护车主的行车安全。

④车身锈蚀的修复费用。

利用底盘装甲的方法解决车底锈蚀的费用包括喷涂液费用、喷涂工时费等。以捷达为例,一般需喷涂液3~4瓶,单价为30~40元。喷涂工时费200~300元,合计300~500元。

2. 外观部件局部检查

1)检查的意义

通过对所有外观独立部件(金属、塑料、密封、玻璃、照明及其他功能部件)逐一进行细致检查,发现车辆碰撞事故痕迹。对部分部件进行拆卸维修、更换维修判断。为进一步深入内里检查,提供重要依据。

2)检查项目

(1)外观13项独立着漆部件依次进行细致观察检查,主要检查漆面补修情况及漆面破损情况。

（2）对所有外观部件的密封胶条、塑料部件进行细致观察检查，主要检查补漆时留下的漆雾、残漆、破损等痕迹。

（3）对前后车灯进行细致观察检查，辨别新旧程度及对称度、破损度，同时检查是否留有漆雾。

（4）对车门把手、行李舱把手进行细致触摸检查和观察检查，辨别漆面差异。

（5）对所有车窗玻璃进行细致观察检查，主要检查车窗玻璃是否有更换及破损。

3）检查方式

（1）车身配合间隙检查。

车身外观钣金件的安装，一般通过简单的调整即可达到装配质量要求。然而，如果修复后车身结构性部件的关键测量点没有恢复到原始标准，那么将有可能从车身外观钣金件的配合间隙上直接反映出来。二手车检查时，通过观察车身外观钣金件的配合间隙是否均匀、轮廓线是否平齐等情况的分析，能够快速、准确地分析判断被检验车辆是否为事故修复车，从而正确判断其价格。

① 车身侧部间隙检查。

车身侧部间隙测量点如图 3-3 所示，要求上下间隙均匀、标准。不同车型标准值有所不同，应参照相关维修手册。奥迪 A6 轿车的车身侧部间隙标准值见表 3-10。

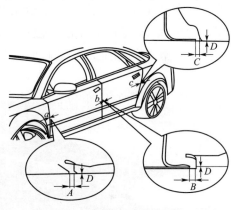

图 3-3　车身侧部间隙测量点

② 车身前部间隙检查。

车身前部间隙测量点如图 3-4 所示，要求上下间隙均匀、标准。不同车型标准值有所不同，应参照相关维修手册。奥迪 A6 轿车的车身前部间隙标准值见表 3-10。

③ 车身后部间隙检查。

车身后部间隙测量点如图 3-5 所示，要求上下间隙均匀、标准，不同车型标准值有所不同，应参照相关维修手册。奥迪 A6 轿车的车身后部间隙标准值见表 3-10。

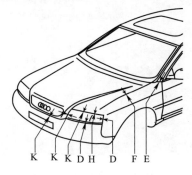

图 3-4　车身前部间隙测量点

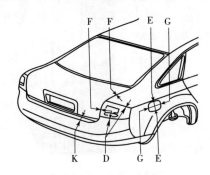

图 3-5　车身后部间隙测量点

奥迪 A6 轿车的车身间隙标准值　　　　　　　表 3-10

车身侧部间隙(mm)	车身前部间隙(mm)	车身后部间隙(mm)
$A = 3.5 + 0.5$	$D = 2.0$	$D = 2.0$
$B = 4.5 + 0.5$	$E = 2.5$	$E = 2.5$
$C = 3.5 + 0.5$	$F = 3.0$	$F = 3.0$
$D = 0 + 1$	$H = 4.0$	$G = 3.5$
	$K = 5.0$	$K = 5.0$

④车身腰线及维修痕迹检查。

现在,二手车的翻新、修复技术水平都很高超,对于非专业人士来讲,很容易上当受骗。现在二手车市场的二手车价格相对比较透明,但在同一价格下如何挑选到车况比较好的车辆,就需要掌握相关检查知识。下面以图解的形式介绍车辆外观基本检查,通过目测检查并判断是否有维修痕迹等,如图3-6~图3-13所示。

图 3-6　车身腰线的检查

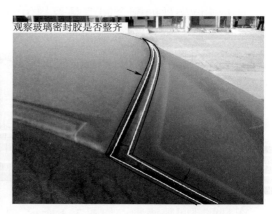

图 3-7　车窗玻璃、风窗玻璃胶条的检查

图 3-8　车身 B 柱的检查

图 3-9　车身 A 柱及门铰链的检查

图 3-10　发动机罩的检查　　　　　图 3-11　翼子板紧固螺钉的检查

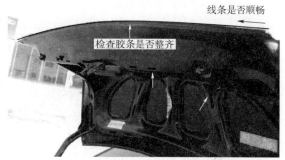

图 3-12　防腐胶的检查　　　　　　图 3-13　行李舱检查

（2）车身尺寸检查。

在事故车维修中，对于局部变形产生的损伤，可以很直观地作出判断。但对于整体变形造成的损伤就不那么容易查明。只有通过精确的测量才能确定变形的具体位置及损伤程度。

正确的车身检测是车身修复的基础，是修复工作中不可缺少的重要环节。正确的车身尺寸测量对维修方案及费用的确定非常重要。

①前部车身的尺寸测量。

典型的承载式结构车身前部的控制点如图 3-14 所示，通过测量图中所标位置的尺寸和标准车身尺寸比对来判断碰撞产生的变形量。具体车型控制点及尺寸可通过维修手册确定。

②车身侧围的测量。

典型的车身侧围尺寸的测量控制点如图 3-15 所示，通过图示对 A 柱、B 柱、C 柱、车门槛板、前风窗玻璃框架的变形进行测量，可以确定侧围变形情况，也可通过车门开关的灵活程度以及车门结合的密封性来判断其变形程度。

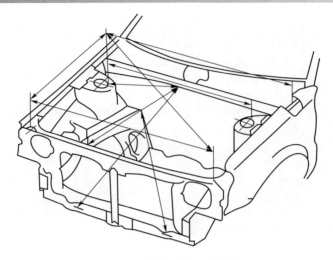

图3-14　前部车身的尺寸测量

③车身后部的测量。

后部车身的常见测量点如图3-16所示。后部车身的变形，大致上可以通过行李舱盖开关的灵活程度以及与行李舱结合的密封性来判断。

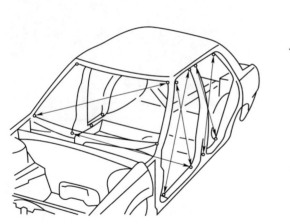

图3-15　车身侧围的测量

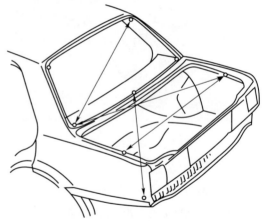

图3-16　车身后段的测量

④车身的扭曲变形测量。

扭曲是车身的一种总体变形。当车身一侧的前端或后端受到向下或向上的撞击时，另一侧就以相反的方向变形，这时就会出现扭曲变形。

扭曲变形只能在车身中段测量，否则，在前段或后段的其他变形就会导致扭曲变形的测量数据不准确。传统检测扭曲变形的方法比较复杂且精度较差，现代车身校正仪配备了测量系统，能对车体进行三维坐标测量，使用方便，精确度高，作业前的变形检测、校正过程中参数的校核，都可以在台架上依次完成。

（3）行李舱检查。

①检查行李舱锁。行李舱的锁只能用钥匙才能打开，观察行李舱锁有无损坏。

②检查气压减振器。一般行李舱采用气体助力支柱，要检查气压减振器能否支撑

起行李舱盖的质量。失效虚弱的气压减振器可能使行李舱盖自动倒下,这是很麻烦甚至危险的。

③检查行李舱开启拉索或电动开关。有些汽车在乘客舱内部有行李舱开启拉索或电动开关。确保其能够工作,并能不费劲地打开行李舱或行李舱盖。

④检查防水密封条。行李舱防水密封条对行李舱内部储物和地板车身的防护十分重要。所以应仔细检查防水密封条有无划痕、损坏脱落。

⑤检查内部的油漆与外部油漆是否一致。在打开行李舱后,对内部进行近距离全面观察,检查油漆是否相配。行李舱区漆成的颜色是否与外部的颜色相同,行李舱盖底部的颜色是否与外部的颜色相同,当将汽车重新喷成不同颜色时,行李舱、发动机罩底部、车门柱喷成与新的外部颜色相配常常是特别昂贵的。然而,廉价的喷漆作业并不包括这些工作。如果行李舱中喷漆颜色与原车颜色不相同,则表明已重喷了便宜漆或者是更换了板面或有过其他一些碰撞修理。查看行李舱盖金属构件、地板垫、后排座椅后的纸板、线路或是尾灯后部等这些地方是否喷漆过多。

⑥检查行李舱地板。拉起行李舱中的橡胶地板垫或地毯,观察地板是否有铁锈、修理和焊接痕迹,或行李舱密封条泄漏引起的发霉的迹象。

⑦检查备用轮胎。如果是一辆行驶里程较短的汽车,其备用轮胎应该是新标记,与原车上的标记相同,而不是废品回收站中花纹几乎磨光的轮胎。

⑧检查随车工具。设法找到出厂原装的千斤顶、千斤顶手柄和轮毂盖/带耳螺母拆卸工具,它们应该全在这里。检查行李舱内部地板是否有损坏的痕迹。检查原装千斤顶储放处和使用说明,如果轮胎安装在行李舱地板的凹槽内,那里通常贴有印花纸,它处于行李舱盖下、检查备用轮胎花纹行李舱壁上或备胎上方的纤维板上。由于一些碰撞修理的结果,这些贴花纸可能已经发暗或丢失。

⑨检查门控灯。行李舱上有一门控灯,当行李舱盖打开时,门控灯应点亮。否则,门控灯或门控灯开关损坏。

⑩检查行李舱盖的对中性和闭合质量。轻轻按下行李舱盖,不用很大力气就应能关上行李舱盖。对于一些高档轿车,行李舱盖是自动闭合的,不需用大力关行李舱盖。

行李舱盖关闭后,行李舱盖与车身其他部分的缝隙应全部均匀,不能有明显的偏斜现象。

三、车身外观检查评估要点及标准

步骤一:使用车辆外观缺陷测量工具与漆面厚度检测仪器结合目测法,并参照图 3-17 标示,按照表 3-11、表 3-12 要求检查车辆外观 26 个项目。

步骤二:根据表 3-11、表 3-12 描述缺陷,车身外观项目的转义描述为:车身部位+状态+程度。

例:21XS2 对应描述为:左后车门有锈蚀,面积为大于 100mm×100mm,小于或等于 200mm×300mm。

步骤三：根据检查情况进行评分——程度为 1 的扣 0.5 分，每增加 1 个程度加扣 0.5 分。共计 20 分，扣完为止。轮胎部分需高于程度 4 的标准，不符合标准扣 1 分。

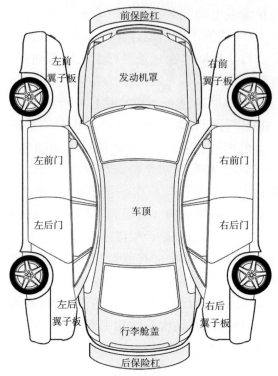

图 3-17 车身外观展开示意图

车身外观部位代码对应表　　　　表 3-11

代码	部位	代码	部位
1	发动机罩表面	14	后保险杠
2	左前翼子板	15	左前轮
3	左后翼子板	16	左后轮
4	右前翼子板	17	右前轮
5	右后翼子板	18	右后轮
6	左前车门	19	前照灯
7	右前车门	20	后尾灯
8	左后车门	21	前风窗玻璃
9	右后车门	22	后风窗玻璃
10	行李舱盖	23	四门风窗玻璃
11	行李舱内侧	24	左后视镜
12	车顶	25	右后视镜
13	前保险杠	26	轮胎

单元 3　二手车鉴定及价值评估

车身外观状态描述对应表　　　　　　　　　　　　　　表 3-12

代码	HH	BX	XS	LW	AX	XF
描述	划痕	变形	锈蚀	裂纹	凹陷	修复痕迹

程度:1——面积小于或等于 100mm×100mm;
　　　2——面积大于 100mm×100mm 并小于或等于 200mm×300mm;
　　　3——面积大于 200mm×300mm;
　　　4——轮胎花纹深度小于 1.6mm

学习任务 2　发动机舱检查评估

任务描述

钱多多做好车辆外观检查评估与记录后,准备进行第二步工作:对发动机舱进行检查评估。打开汽车发动机罩,有着过硬汽车知识的钱多多微微一笑,他知道这个环节的工作需要评估员对发动机构造非常了解,主要是对发动机舱外观、发动机冷却系统、润滑系统、点火系统、供油系统、进气系统、机体附件等方面进行检查评估。而此时的他已是胸有成竹,在脑海中迅速理清思路后,他又投入到了紧张有序的工作中。

建议学时:8 学时

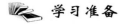

一、知识准备

(1)汽车发动机舱内构造是怎样的?舱内各部件的名称分别是什么?(查阅本学习任务的学习参考资料)。

(2)评估人员要检查发动机舱内的几大系统?每个系统具体检查哪些项目?(查阅本学习任务的学习参考资料)。

(3)如何对评估车辆进行缺陷描述及评估分值?(查阅本学习任务的学习参考资料)。

(4)通过查阅学习参考资料,对应整理出完成该任务所需要的知识点和技能点(表3-13)。

知识点和技能点　　　　　　　　　　　　　　　　　　表 3-13

知识点	1.
	2.
	3.
	4.
	5.

续上表

技能点	1.
	2.
	3.
	4.
	5.

二、工作场所

一体化教室。

三、工作器材

车辆,干净的布块,白纸,火花塞套筒扳手,手电筒,螺钉旋具,发动机舱检查登记表。

 计划与实施

(1) 现场确认评估车辆。

(2) 在教师的引导下分组,以小组为单位学习相关知识,并解决下列问题:

①小组学习,查阅工作页后填写表 3-14。

发动机舱检查评估工作表　　　　　　　　　　表 3-14

工作项目	执行人	检查记录	执行步骤
发动机舱外观			
发动机冷却系统			
发动机润滑系统			
发动机点火系统			
发动机供油系统			
发动机进气系统			
发动机机体附件			
发动机舱内其他部件			

②小组讨论如何根据表 3-15 对发动机舱检查结果进行描述。

③完成本工作任务需要扮演哪些角色?这些角色的分工如何安排?请小组讨论后组长填写任务分工表(表 3-16)。

④整理出发动机舱检查评估工作步骤。

⑤小组按照工作步骤演练任务,并进行角色轮换。

发动机舱检查结果登记表　　　　　　　　　　　　表 3-15

序号	检 查 项 目	A	B	C
1	机油有无冷却液混入	无	轻微	严重
2	缸盖外是否有机油渗漏	无	轻微	严重
3	前翼子板内缘、散热器框架、横拉梁有无凹凸或修复痕迹	无	轻微	严重
4	散热器格栅有无破损	无	轻微	严重
5	蓄电池电极桩柱有无腐蚀	无	轻微	严重
6	蓄电池电解液有无渗漏、缺少	无	轻微	严重
7	发动机皮带有无老化	无	轻微	严重
8	油管、水管有无老化、裂痕	无	轻微	严重
9	线束有无老化、破损	无	轻微	严重

任 务 分 工 表　　　　　　　　　　　　表 3-16

姓　名	角色名称	工作内容	所需工具

评价与反馈

一、学习效果评价

1. 知识考核(判断题)

(1)润滑系统的作用除利用润滑油膜减少零件磨损之外,还存在一定的冷却作用。　　　　　　　　　　　　　　　　　　　　　　　　　　　(　)

(2)检查漏油的情况,不应在汽车行驶后检查,至少要在车辆停驶 1h 后检查。　　　　　　　　　　　　　　　　　　　　　　　　　　　(　)

(3)汽缸密封性是表征汽缸组件技术状况的重要参数之一。　　(　)

(4)汽缸压力检测结果,各缸压力差,汽油机应不超过各缸平均压力的 8%。　　　　　　　　　　　　　　　　　　　　　　　　　　　(　)

(5)外观检测一般是通过目测来进行,目测检查通常只能作定性分析。　(　)

2. 技能考核

例如:评估一辆在用的轿车,该车是使用了 3 年的奥迪 A6 轿车,检查中发现该车机油滤芯堵塞,并且空气滤芯很脏,蓄电池电极桩柱有轻微腐蚀,散热器格栅有破损,请按照二手车评估中发动机舱的工作步骤及要求进行操作,并填写表 3-17。

学生实践记录表　　　　　　　　　　　　　　　　　　　表 3-17

班级		车型及年款	
姓名		车辆识别码	
学号		里程数	
实践项目		实践设备		评估员单号	
实践流程					
结果分析					
相关解答					
自我评价	良好□　　合格□　　不合格□				
教师评价	良好□　　合格□　　不合格□ 教师姓名：　　　　　　　　　　　　　　　　　年　月　日				

二、学习过程评价

在完成本单元所有学习任务后,通过小组会的形式进行总结和思考(表 3-18)。

学习过程评价反馈表　　　　　　　　　　　　　　　　表 3-18

序号	评 价 项 目	学习任务的完成情况	签　名
1	工作页的填写情况		
2	独立完成的任务		
3	小组合作完成的任务		
4	教师指导下完成的任务		
5	是否达到了学习目标,特别是能否叙述发动机舱检查的流程,独立操作步骤是否完整		
6	存在的问题及建议		

学习参考资料

一、发动机舱检查顺序

发动机舱检查顺序如图 3-18 所示。

图 3-18 发动机舱检查顺序

标注：
1. 检查发动机舱清洁情况
2. 检查发动机铭牌和排放信息标牌
3. 检查发动机冷却系统
4. 检查发动机润滑系统
5. 检查点火系统
6. 检查发动机的供油系统
7. 检查发动机进气系统
8. 检查机体附件
9. 检查发动机舱内其他部件

二、发动机舱检查要点及相关知识

1. 检查要点

发动机舱检查要点见表 3-19。

发动机舱检查要点   表 3-19

	发动机罩	小横梁（散热器框架）	发动机舱内部主要机械部件
部件特征	内外双层钢板或铝合金焊接，内侧安装锁头、铰链、枢轴	钢架或合金结构件，方框形	包括发动机、变速器、冷却器在内的所有主要机械部件
位置特征描述	前后连接小横梁及防火墙，左右连接翼子板。连接缝隙软性密封	上下两边左右延伸，与翼子板内楦相连。结构中固定散热器及冷凝器。与前保险杠共同形成车身的第一道防护墙。属车身结构部件。上横梁易于观察，下横梁比较隐蔽	由于处于发动机舱内部，日常使用中较脏，可能局部有油污，不利于观察
常见损伤	碰撞引起的边缘局部或整体变形，坠物引起的砸伤。维修多以钣金、内外层分焊、补漆、更换为主	正面多角度碰撞造成的局部或整体变形、断裂。维修或使用中引起的外力损伤	可能因车体碰撞、严重颠簸等外力导致受损，也可能发生机械故障
检查内容	钣金痕迹、拆装痕迹、原厂密封胶更换事实	拆装、喷漆痕迹，钢梁连接部位的焊接痕迹。相连部件的完整程度	主要检查各部件是否原厂件，有否拆卸维修痕迹，有否明显的故障隐患。检查日常维护情况

续上表

	发动机罩	小横梁(散热器框架)	发动机舱内部主要机械部件
检查方法	触摸法检查边缘,观察法检查整体	观察法检查,可寻找喷漆痕迹或烧焊痕迹。相连部件的连接点	观察连接处螺栓的拆卸痕迹。观察表面维修痕迹。观察原厂货副厂标记。且需要检查发动机油质量、自动挡变速器油质量、各种油液质量

2. 相关知识

发动机是汽车的"心脏",是车辆正常行驶的重要保障。一辆二手车的发动机性能的好坏,不仅关系到车辆的正常使用,而且对车辆的剩余价值和交易结果有着举足轻重的作用。发动机部分的检查在二手车鉴定过程中是一个最重要的环节。

如果我们把一辆车的生命周期分为磨合期、成熟期、衰退期,那么通常一辆车的磨合期在 1 万 km 以内,而后进入成熟期。如果驾驶和维护良好,一般轿车可以行驶 10 万 km,甚至 30 万 km 以上才进入衰退期。这里所指的"衰退",是指汽车核心部件——发动机的衰老,某些维护较好的发动机行驶了 10 万 km,其性能仍然很稳定,与行驶了几万千米的汽车的发动机差不多。

1) 车辆发动机出现故障的可能因素

(1) 不按期维护。

通常人们总是喜欢在车辆改装上投入大量资金,却容易忽视发动机的定期维护。研究发现,车辆因发动机维护不良造成的故障占总故障的 50% 以上。可见,发动机维护对延长车辆使用寿命能起到至关重要的作用。

因此,在二手车的鉴定过程中,如果卖方能够提供 4S 店的正规维护记录及证明,对提高二手车的价格评估是非常有帮助的。

(2) 机油变质或机油滤芯堵塞。

不同等级的润滑油在使用过程中油质都会发生变化。车辆行驶一定里程之后,其性能就会恶化,从而可能会给发动机带来种种问题。为了避免这些故障的发生,应该结合使用条件定期更换润滑油,并使油量适中,一般以机油标尺上下限之间为宜。

如需判断是新机油还是旧机油,拔下机油标尺,闻闻机油标尺上的机油有无异味即可。如果有汽油味,则说明机油中混入了汽油,汽车已经或正在混合气过浓的情况下运行。发动机在此条件下长时间运转会使其远在寿命期到达之前就已经磨损,因为未稀释的燃油会冲刷掉汽缸壁上的机油膜。当你拿出机油标尺时,仔细检查,如果机油标尺上有水珠,说明机油中混入水分;进行近距离的检查时,查看是否有污垢或金属粒,如有说明应该更换机油;检查机油标尺自身的颜色,如果发动机曾严重过热,机油标尺会变色。

机油从机油滤芯的细孔通过时,会把油中的固体颗粒和黏稠物积存在滤清器中。如滤清器堵塞,机油不能顺畅通过滤芯时,会胀破滤芯或打开安全阀,从旁通阀通过,把脏物带回润滑部位,使发动机磨损加快,内部的污染越来越严重。因此,机油滤芯的定期更换同样重要。

(3)空气滤芯堵塞。

发动机的进气系统主要由空气滤芯和进气道两部分组成。根据不同的使用情况,要定期清洁空气滤芯,其方法为用高压空气由里向外吹,把空气滤芯中的灰尘吹出。由于空气滤芯为纸质,所以吹的时候要注意空气的压力不能过高,以免损坏空气滤芯。空气滤芯一般在清洁三次后就应更换新的,清洁周期可以由日常行驶区域的空气质量而定。空气滤清器如图3-19所示。

(4)进气管道过脏。

如果车辆经常行驶于灰尘较多、空气质量较差的路况区域,就应该注意清洗进气管道,保证进气的畅通。进气管道对于发动机的正常工作非常重要,如果进气管道过脏,就会导致充气效率下降,从而使发动机不能在正常的输出功率范围内运转,加剧发动机的磨损和老化。

图3-19 空气滤清器

(5)曲轴箱油泥过多。

发动机在运转过程中,燃烧室内的高压未燃烧气体、酸、水分、硫和氮的氧化物经过活塞环与缸壁之间的间隙进入曲轴箱中,使其与由零件磨损产生的金属粉末混合在一起,形成油泥。少量的油泥可在油中悬浮,而当油泥量大时就会从油中析出,堵塞滤清器和油孔,造成发动机润滑困难,从而加剧发动机的磨损。此外,机油在高温时氧化会生成漆膜和积炭黏结在活塞上,使发动机油耗增大、功率下降,严重时会使活塞环卡死而导致拉缸。

(6)燃油系统维护不善。

燃油系统的维护包括更换汽油滤芯、清洗化油器或燃油喷嘴以及供油管路。燃油在通过油路供往燃烧室燃烧的过程中,不可避免地会形成胶质和积炭,从而在油道、化油器、喷油嘴和燃烧室中沉积下来,干扰燃油的流动,破坏正常空燃比,使燃油雾化不良,造成发动机出现喘抖、爆燃、怠速不稳、加速不良等问题。使用燃油系统清洗剂清洗燃油系统,能够使发动机始终保持最佳状态。

(7)散热器生锈、结垢。

发动机散热器生锈、结垢是最常见的问题。锈迹和水垢会限制冷却液在冷却系统中的流动,降低散热的作用,导致发动机过热,甚至造成发动机的损坏。冷却液氧化还会形成酸性物质,腐蚀散热器中的金属部件,造成散热器破损、渗漏。定期使用散热器强力高效清洗剂清洗散热器,除去其中的锈迹和水垢,不但能保证发动机正常工作,而且可延长散热器和发动机的整体寿命。

（8）冷却系统不良。

人们对汽车发动机的维护,尤为重视的是润滑系统,而很少重视冷却系统,殊不知汽车发动机最常见的故障,如活塞拉缸、爆燃、缸体冲床内漏、产生严重噪声、加速动力下降等,都是由汽车发动机的工作温度异常、压力过大、冷却系统状况不良而造成的。冷却系统状况不良将直接导致发动机不能在正常的温度下工作,随之而来就会产生上述严重的故障现象。

2）发动机舱外观检查

有些发动机及发动机舱的问题可以通过外观直接显现,评估人员主要遵循由上及下、由外及内的顺序进行外观检查。

（1）检查发动机罩内部。

发动机罩内是隐藏秘密最多的地方。打开发动机罩时,首先仔细查看发动机罩内侧有没有烤过漆,发动机罩上方和发动机罩边缘及内侧油漆过渡是否自然。如果有过漆的痕迹说明发动机罩受撞击损坏过。其次查看发动机机体下方的两条纵梁或两内侧副梁。正常情况下,这地方都应留有圆形电焊的痕迹,若电焊形状大小不一,则此车有可能遭受过撞击。另外,防水胶条是否平顺,也是判断车辆是否受到碰撞的依据。如果发动机的外部堆积了很多机油和灰尘,说明车主平时不注意维护车辆,但如果特别干净也需要注意,可能是卖主特意将发动机进行过清洗。

（2）检查散热器。

首先从保险杠内侧查看散热器新旧程度。如果散热器的新旧程度与车龄明显不符,就有可能是因车辆前部发生撞击更换过散热器。其次打开散热器盖,查看冷却液液面上是否有粉屑、油污等杂物飘浮。如果有油污漂浮,可能是机油渗入冷却液内。如果有锈蚀的粉屑,说明散热器内的锈蚀情况很严重。这都表示该车的发动机状况不是很好。最后检查散热器的上下两处胶管有无裂痕,散热器盖关闭是否紧密。试车后,查看散热器盖是否沾有油迹,如有则表示汽缸垫漏气。

（3）检查发动机舱及下方。

首先检查发动机舱及下方有无油污。若有油污则说明可能是发动机的中央部分如气门室盖垫处或油底壳处漏油,而发动机漏油会给日后的维修造成很多麻烦。其次取出机油标尺观察机油是否浑浊或起水泡。通常机油颜色应以深黄色为最佳,机油液面过高表示汽缸垫可能烧了,而过低则可能是机油窜入燃烧室,与汽油一起烧掉了,也意味着车辆需要大修。发动机舱内部基本结构如图3-20所示。

（4）检查发动机铭牌和排放信息标牌。

①检查发动机铭牌。查看发动机上有无发动机铭牌,如果有,检查上面是否有发动机型号、出厂编号、主要性能指标等,这可以判别发动机是不是正品。

②查看排放信息标牌。排放信息标牌应该在发动机罩下的适当位置或在风扇罩上。这在以后的发动机诊断或调整时需要。

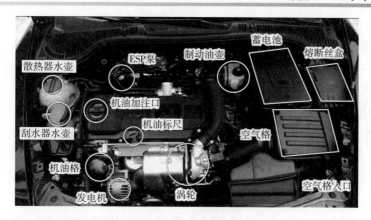

图 3-20　发动机舱检查

3）发动机冷却系统检查

发动机冷却系统对发动机有很大影响，应仔细检查发动机冷却系统相关零部件，主要检查冷却液、散热器、水管、风扇传动带、冷却风扇等。

(1) 检查冷却液。

看一下储液罐里的冷却液。冷却液应清洁，且冷却液面在"满"标记附近。冷却液颜色应该是浅绿色的(但有些冷却液是红色的)，并有点甜味。如果冷却液看上去更像水而不像冷却液，则可能某处有泄漏情况，而车主只是一次又一次地加水而造成的(当然，也意味着冷却液的沸点更低，冷却系统会沸腾溢出更多的冷却液)。冷却液的味道闻起来不应该有汽油或机油味，如果有，则发动机汽缸垫可能已烧坏。

如果冷却液中有悬浮的残渣或储液罐底部有发黑的物质，说明发动机可能严重受损。

检查冷却液液位时，对于没有膨胀水箱的冷却系统，可以打开散热器盖进行检视，要求液面不低于排气孔 10mm。当使用防冻液时，要求液面高度应低于排气孔 50～70mm（这是为了防止防冻液因温度增高而溢出）；对于装有膨胀水箱的冷却系统，应检查膨胀水箱的冷却液量应在规定刻线（H～L）之间（图 3-21）。检查水量时，应在冷车状态下进行，检查后应扣紧散热器盖。补充冷却液时，应尽量使用软水或同种防冻液。在添加前要检查冷却系是否有渗漏现象。

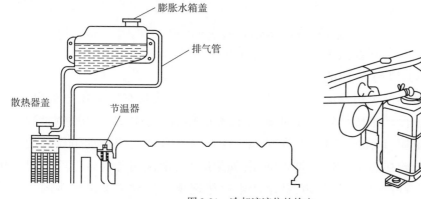

图 3-21　冷却液液位的检查

（2）检查散热器。

仔细全面地检查散热器水室和散热器芯，查看是不是有褪色或潮湿区域。散热器芯上的所有散热片应该是同一颜色的。当看到散热器芯区域呈现浅绿色（腐蚀产生的硫酸铜），说明在此区域有针孔泄漏。修理或更换散热器费用较高。另外，要特别查看水室底部，如果全湿了，设法查找出冷却液泄漏处。

当发动机充分冷却后，拆下散热器盖，观察散热器盖上的腐蚀和橡胶密封垫片的情况（图3-22），散热器盖上应该没有锈迹。将手指尽可能伸进散热器颈部检查是否有锈斑或像淤泥那样的沉积物，有锈斑说明没有定期更换冷却液；如果水垢严重，说明发动机机体内也有水垢，发动机会经常出现"开锅"现象，即发动机温度过高。

图3-22　检查散热器盖和散热器内部的锈迹和水垢

（3）检查水管。

用手挤压散热器和暖风软管，看是否有裂纹或发脆现象。仔细检查软管上卡紧的两端部，是否有鼓起部分和裂口，是否有锈蚀迹象（特别是连接水泵、恒温器壳或进气歧管的软管处）。新式的暖风器和散热器软管比过去的好。在老式汽车上用的软管通常是汽车行驶80000km后要进行更换，而在新式汽车上的软管，通常可以行驶160000km以上。好的软管为将来的冷却问题提供了安全保障，但是费用也较高。冷却系统软管损坏的几种情况如图3-23所示。

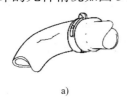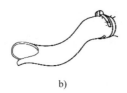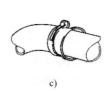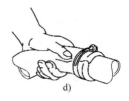

a)　　　　　　　　b)　　　　　　　　c)　　　　　　　　d)

图3-23　冷却系统软管损坏的几种情况

a)擦破或烧蚀；b)变形；c)密封连接处失效；d)局部隆起

（4）检查散热器风扇传动带。

大部分汽车散热器风扇是通过传动带来传动的，但有些轿车则采用电动机来驱动，即电子风扇。对于传动带传动的冷却风扇，应检查散热器风扇传动带的磨损情况。

使用一个手电筒，仔细检查传动带的外部，查看是否有裂纹或传动带层片脱落。应该检查传动带与带轮接触的工作区是否磨亮，如果磨亮，则说明传动带已经打滑。传动带磨损、抛光或打滑可能引起尖啸声，甚至产生过热现象。传动带上常出现的一些不良现象如图3-24所示。V形带上有一些细小裂纹，但是可以继续使用。传动带的作用区域是在与带轮接触的部分,所以要将传动带的内侧拧转过来检查(图3-25)。

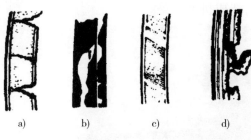

图3-24 风扇传动带常见的不良现象　　　　图3-25 检查风扇传动带的内侧
a)有小裂纹;b)有润滑油;c)工作面光滑;d)底面损坏

(5)检查冷却风扇。

检查冷却风扇叶片是否变形或损坏,若变形或损坏其排风量相应减少,会影响发动机冷却效果,使发动机温度升高,则需要更换冷却风扇。

4)发动机润滑系统检查

发动机润滑系统是对发动机各个运动部件进行润滑,使其发挥出最大的性能。若发动机润滑系统不良,将严重影响发动机的使用寿命,应仔细检查机油质量、机油泄漏、机油滤清器等项目。

(1)检查机油。

第一步:找出机油口盖。

对直列4缸、5缸或6缸发动机,其机油口盖在气门室盖上。对于纵向安装的V6或V8发动机,机油口盖在其中一个气门室盖上。如果发动机横向安装,加油口盖一定在前面的气门室盖上。一些老式的加油口盖上有一根通向空气滤清器壳体的曲轴箱强制通风过滤器软管;新式车加油口盖上没有软管但有清晰的标记。在拧开加油口盖之前,一定要保证开口周围区域干净以防止灰尘进入而污染发动机。

第二步:打开机油口盖。

拧下加油口盖,将它反过来观察。这时可以看到机油的牌号。不要感到吃惊,卖主将二手车开到车市之前常常已经更换机油。在加油口盖的底部可以看到旧油、甚至脏油痕迹,这是正常的。不正常的是加油口盖底面有一层具有黏稠度的浅棕色巧克力乳状物,还可能是油与油污混合的小液滴。这种情况表明冷却液通过损坏的衬垫或者汽缸盖、汽缸体裂纹进入机油中。不管是哪种情况,汽车不进行大修已不能开得很远或者根本不能开。被冷却液污染的机油在短时间内会对发动机零部件造成许多危害。这种修理通常花费很高,如果情况很严重或者对此不引起注意,可能造成发动机的全面大修。

第三步:检查机油质量。

取一片洁净白纸,在纸上滴下一滴机油(图3-26)。如果在用的机油中间黑点里有较多的硬沥青质及炭粒等,表明机油滤清器的滤清作用不良,但并不说明机油已变质;如果黑点较大,且机油是黑褐色、均匀无颗粒,黑点与周围的黄色油迹界限清晰,有明显的分界线,则说明其中洁净分散剂已经失效,表明机油已经变质。

机油变质的原因有很多,如机油使用时间过长,一般行驶 5000km 应更换机油;或发动机汽缸磨损严重,使燃烧废气进入油底壳,造成机油污染。

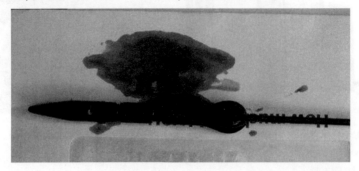

图 3-26　将机油滴在白纸上检查机油质量

也可将机油滴在手上,观察机油的颜色和黏度(图 3-27)。先观察其透明度,色泽通透略带杂质说明还可以继续使用,若色泽发黑,闻起来带有酸味说明要更换机油,因为机油已经变质,不能起到保护作用。然后,检查其黏稠度,沾一点机油在手上,用 2 根手指检查机油是否还具有黏性,如果在手指中没有一点黏性,像水一样,说明机油已达到使用极限需要更换,以确保发动机的正常运作。

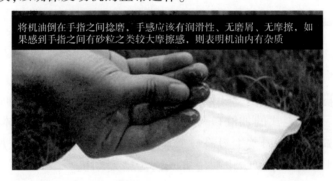

图 3-27　将机油滴在手指上检查机油质量

特别需要注意的是:不能用机油来认定维护程度。车主可能在汽车出售前更换了机油和滤清器,这时机油标尺上显示的几乎就是新的、清洁的机油。

第四步:检查机油气味。

拔下机油标尺,闻闻机油标尺上的机油有无异味(图 3-28),来判断是新机油还是旧机油。如有汽油味,则说明机油中混入了汽油,汽车已经或正在混合气过浓的情况下运行。发动机在此条件下长时间运转会使其远在寿命期到达之前就已经磨损,因为未稀释的燃油会冲刷掉汽缸壁上的机油膜。当您拿出机油标尺时,仔细检查。如果机油标尺上有水珠,说明机油中混入水分。做近距离的检查,查看是否有污垢或金属粒,若有污垢或金属粒说明应该更换机油。检查机油标尺自身的颜色,如果发动机曾严重过热,机油标尺会变色。

第五步:检查机油液位。

起动发动机之前或停机 30min 以后,打开发动机罩,抽出机油标尺,将机油标尺用抹布擦干净油迹后,插入机油标尺导孔,拔出查看(图 3-29)。液位在上下刻线之间,即为合适。若机油液位过低,则观察汽车底下的地面,看是否有机油泄漏的现象。

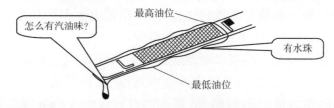

图 3-28 检查机油气味

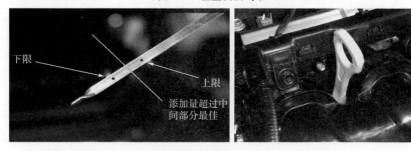

图 3-29 检查机油液位

(2)检查机油滤清器。用棘轮扳手拆下机油滤清器,观察机油滤清器有无裂纹,密封圈是否完好。

(3)检查 PCV 阀。PCV 阀用于控制发动机曲轴箱通风,如其工作不良,对发动机润滑有严重影响。从气门室盖拔出 PCV 阀,并晃动,它应发出"咔嗒"声。若 PCV 阀充满油污并不能自由地发出"咔嗒"声,则说明机油和滤清器没有经常更换,此时需要更换新的 PCV 阀。

(4)检查机油泄漏。机油泄漏是一种常见现象。机油泄漏的地方主要有:

①气门室盖。气门室盖处机油泄漏在行驶里程超过 80000km 的汽车上很普遍,大多数情况下修理不太难,也不太贵(靠安装新气门室盖垫片来解决)。有些燃油喷射的汽车更换气门室垫片则需要相当多的工作。

②汽缸垫。

③油底壳垫。有的汽车更换油底壳垫的工时费很高。

④曲轴前、后油封。更换曲轴前、后油封的工时费用很高,应加以注意。

⑤油底壳放油螺塞。放油螺塞松动或密封垫损坏,机油渗漏。

⑥机油滤清器。

⑦机油散热器的机油管。

⑧机油散热器。

⑨机油压力感应塞。

5)点火系统检查

点火系统工作性能的好坏直接影响发动机的动力性和经济性,对点火系统的外观检查主要是检查蓄电池、点火线圈、高压线、分电器、火花塞等零件的外观性能。

(1)检查蓄电池检查标牌,看蓄电池是不是原装的。通常标牌固定在蓄电池上部,标牌上有首次售出日期,以编号打点的形式冲出。前面部分表示年,后面部分表示卖出的月份。将卖出的日期与电池寿命进行比较,可算出蓄电池剩余寿命。如果蓄电池的有效寿命快接近极限,则需要考虑更换蓄电池所需成本。

检查蓄电池的表面情况。检查蓄电池表面是否清洁也可以看出车主对汽车的维护情况。蓄电池盖上有电解液、尘土等异物或蓄电池端子、接线柱处有严重铜锈或堆满腐蚀物,可能会造成正、负极柱之间短路,使蓄电池自行放电或电解液消耗过快及蓄电池充不进电等。

检查蓄电池压紧装置和蓄电池安装本身。蓄电池压紧装置是否完整,是否为原来部件。蓄电池必须牢固地安装在汽车上,以防止蓄电池本身、发动机舱和附近线路、软管等损坏。如果原来的压紧装置遗失,必须安装一个汽车零件市场的"万能"压紧装置。钢索和软绳足以防止振动对蓄电池的损害且不足以防止酸液泄漏。

(2)检查高压线。查看点火线圈与分电器之间的高压线,及分电器与火花塞之间的高压线,高压线应该清洁、布线整齐、无切割口、无擦伤部位、无裂纹或无排气烧焦处,否则造成高压线漏电,需要更换高压线。注意:高压线更换需成套更换,费用较高。

(3)检查分电器。对于带分电器的点火系统,应仔细检查分电器的工作情况,检查分器盖有无裂纹、炭痕、破损等现象,这些现象均会使分电器漏电,造成点火能量不足,引发动机动性能下降。若存在这些现象,则应更换分电器。

(4)检查火花塞。用火花塞套筒扳手任意拆下一个火花塞,检查火花塞的情况。火花塞位于发动机缸体内,可直接反映发动机的燃烧情况。若火花塞电极呈现灰白色,而且没有积炭,则表明火花塞工作正常,燃烧良好。若火花塞严重积炭、电极严重烧蚀、绝缘体破、漏气、侧电极开裂,均会使点火性能下降,造成发动机动力不足,则需要更换火花塞。花塞更换需成组更换,费用较高。

(5)检查点火线圈。观察点火线圈外壳有无破裂。若点火线圈外壳破裂,会使点火线圈容易受潮而使点火性能下降,影响发动机的动力性。

6)发动机供油系统检查

(1)检查燃油泄漏。燃油泄漏并不常见,而且人们对燃油泄漏普遍关注,尤其是燃油喷射汽车,有很高的燃油系统压力,引起泄漏会明显地显露出来。查找进气歧管上残留的燃油污迹并仔细观察通向化油器或燃油喷射装置的燃油管和软管。对化油器式发动机,察看燃油泵本身(通常安装在前方下部附近)在接头周围或垫片处是否有泄漏的迹象。在化油器式汽车上更换机械式燃油泵,比较便宜和容易,但是在燃油喷射的汽车上,高压电动泵很昂贵,并且由于高压电动泵通常位于燃油箱内,这就使更换工作更困难。对于所有车型,注意发动机罩下的燃油气味或在行驶中注意燃油气味。有燃油味通常暗示着有燃油泄漏。

(2)检查汽油管路。发动机供油系统有进油管路和回油管路,需检查油管是否老化。

（3）检查燃油滤清器。燃油滤清器一般在汽车行驶 50000km 左右更换,如果这辆车接近某一里程且燃油滤清器看起来和底盘的其他部件一样脏,可能是燃油滤清器还没有更换过。

7）发动机进气系统检查

发动机进气系统性能的好坏,对发动机工作性能有很大影响,尤其是混合气浓度的控制,因此应仔细检查发动机进气系统。

（1）检查进气软管(波纹管)。进气软管一般采用波纹管,应检查进气软管是否老化变形,是否变硬,是否有损坏或烧坏处,如出现这些现象表明进气软管需要更换。

如果进气软管比较光亮,可能喷过防护剂喷射液,应仔细检查,以防必须更换的零部件不能检查出来。

（2）检查真空软管。现代发动机上有与发动机管理系统有关的无数小软管。小尺寸的橡胶管看上去到处都是,它们连到真空源、暖风器/空调控制器、排放设备、巡航控制装置、恒温控制阀和开关以及许多其他部件。没有必要向厂家要软管图来检查这些设备,只需学会查找明显的问题就可以了。

首先,用手挤压真空软管情况。这些软管应该富有弹性,而不是又硬又脆。所有这些软管随时间推移而变硬,使之易于开裂和造成泄漏,从而在汽车上造成一些行驶或排放方面的故障。许多真空软管用各种各样的塑料 T 形管接头互相连接。随着时间的推移,这些塑料 T 形管接头在发动机工作中容易折断,如果在检查时,塑料 T 形管接头破碎或裂开,则需要更换。和冷却液软管一样,这些真空管大致以相同的速率老化,所以如果一根软管变硬或开裂,那么应该考虑是否将全部软管都进行更换。在检查真空软管的同时,应注意真空软管管路布置。查看软管是否是原来出厂时那样整齐排列,是否有软管从零件上明显拔出、堵住或夹断。这些现象说明软管是否有人动过,是否隐瞒了某些不能工作的系统或部件。

（3）检查空气滤清器。空气滤清器用于清除空气中的灰尘等杂物,若空气滤清器滤芯过脏,会降低发动机进气量,影响发动机的动力。所以应拆开空气滤清器,检查空气滤芯(图 3-30),观察其清洁情况,若空气滤清器脏污,说明此车可能经常行驶在灰尘较多的地方,维护差、车况较差。

图 3-30　检查空气滤清器

(4)检查节气门拉索。检查节气门拉索是否阻滞、是否有毛刺等现象。

8)机体附件检查

(1)检查发动机支脚。检查发动机支脚减振垫是否有裂纹,如有损坏,则发动机振动大,使用寿命急剧下降,更换发动机支脚的费用较高。

(2)检查正时带。轿车上凸轮轴的驱动方式,一般采用齿形带。齿形带噪声小且不需润滑,但耐用性不及链驱动。通常每行驶 10 万 km,必须更换齿形带(正时带)。

拆下正时罩,如果有必要,使用一个手电筒,仔细检查齿形带内、外两侧有无裂纹、缺齿、磨损等现象,若有,则表明此车行驶了相当大的里程。对于 V 型发动机而言,更换齿形带的费用非常高。

(3)检查发动机各种带传动附件的支架和调节装置。检查发动机各种带传动附件的支架和调节装置是否松动、螺栓是否丢失或有裂纹等现象。支架断裂或松动可能引起像风扇、动力转向泵、水泵、交流发电机和空调压缩机那样的附件,由于运转失调而不仅可能使传动带丢失,甚至造成提前损坏。

9)发动机舱内其他部件检查

(1)检查制动主缸及制动液。

应该检查制动主缸是否发生锈蚀或变色(通常可以在发动机舱壁处看到),制动主缸锈蚀或变色表明制动器有问题;主缸盖橡胶垫泄漏,或是制动液经常加过头使一些油液漏在系统上。主缸中的制动液应该十分清晰,如果呈雾状,说明制动系统中有锈,需要全面冲洗,重新加注新制动液并放气。在一些汽车上,主缸是整体铸铁件,上面包括制动液腔;而另外一些车上,可能有一个单独的白色塑料储液罐,靠软管及密封垫连到液压部件。检查前者的液面情况时,要用一个螺钉旋具或其他工具撬出固定主缸盖的钢丝箍。这种盖内应该有一个橡胶套,应该检查它的情况。如果主缸盖下面的橡胶套严重损坏,应怀疑制动液被污染。石油基制动液会腐蚀和损坏橡胶制品。

对具有塑料储液主缸的汽车,液面和油液颜色是很明显的,上面有一个方便拧开的塑料盖。对任何一种主缸,都要检查制动液。当滴一些制动液在一张白纸上时,如果看到颜色深,说明油液使用时间已长久或已被污染,应该进行更换。检查制动液中是否存在污垢、杂质或小水滴,以及是否有正确的液面。

正常制动液量位置应在储液罐的上限(H)与下限(L)刻线之间或标定位置处(图 3-31)。当液位低于标定刻线或下限位置时,应把新的制动液补充到标定刻线或上限位置。

由于常用的制动液(指醇醚类)具有一定的吸湿性。因此,在向储液罐内补充制动液时,一方面要使用装在密封容器内的新制动液,另一方面要避免长时间开放储液罐的加液口盖。因为制动液吸收水分后其沸点会显著降低,容易引起气阻,造成制动失灵。

在添加或更换制动液时,要严格执行厂方有关规定。否则,制动液的效能将会改变,制动件会被损坏。如发现制动液量显著减少,应注意查找渗漏部位,及时修复,防止制动失灵。

图 3-31 制动液液位的检查

(2)检查离合器液压操纵机构。

对带手动变速器的大多数汽车,离合器是液压操纵的,这意味着在发动机舱壁的某处(通常在制动主缸附近)有一个离合器的储液罐。它使用与制动主缸同样的油液,应该检查油液是否和制动主缸中的油液相同。

(3)检查继电器盒。

许多汽车在发动机舱内有电气系统的总继电器盒,它在蓄电池附近或沿着发动机舱壁区域。打开继电器盒的塑料盖,查看内部。通常在塑料盖内侧有一张图,指明继电器属于哪一系统。如果有一个或两个继电器遗漏,不必惊慌。制造厂家常常为了用于某种车型或某种选项的继电器提供了空间和线路。

(4)检查发动机线束。

为了保证汽车的寿命,线束应该保持良好,防止任何敲打、意外损伤或不合理的结构。

查看发动机舱中导线是否擦破或是裸露;导线是否露在保护层外;导线是否固定在导线夹中;导线是否用非标准的胶带包裹;是否有旁通原有线束的外加导线。有胶带或外加导线可能预示着早期的线路问题,或预示着安装了一些附件,如立体声收音机、附件驱动装置、雾灯、民用频带收音机或防盗报警器等。这些附件如果是专业安装,通常导线线路和线束整齐,固定在原来的线束卡中或线束中使用非焊接的卷边接头,而不是使用许多绝缘胶带。

(5)动力转向液压油的油量。

首先,将动力转向储油罐的外表擦干净,然后再将加油口盖从储液罐上取下,用干净的布块将油标尺上的油擦干净,重新将油标尺装上(检查时,请不要拧紧加油口盖),然后取下油标尺,检查油平面,油标尺所示的刻度和意义与机油标尺相同。如果油平面高度低于油标尺下限刻度,则需要添加同种的转向液压油,直到上限刻度(F)为止。在添加之前应检查动力管路是否有渗漏现象。在检查或添加转向液压油时,应检查油质的污染情况,发现变质或污染时应及时更换。

三、发动机舱检查评估要点及标准

步骤一:参照表 3-15 要求检查车辆发动机舱 10 个项目(表 3-20)。

发动机舱检查结果登记表　　　　　　　表 3-20

序号	检查项目	A	B	C
1	机油有无冷却液混入	无	轻微	严重
2	缸盖外是否有机油渗漏	无	轻微	严重
3	前翼子板内缘、散热器框架、横拉梁有无凹凸或修复痕迹	无	轻微	严重
4	散热器格栅有无破损	无	轻微	严重
5	蓄电池电极桩柱有无腐蚀	无	轻微	严重
6	蓄电池电解液有无渗漏、缺少	无	轻微	严重
7	发动机皮带有无老化	无	轻微	严重
8	油管、水管有无老化、裂痕	无	轻微	严重
9	线束有无老化、破损	无	轻微	严重
10	其他	只描述缺陷,不扣分		

步骤二:根据检查情况进行评分——选择 A 不扣分,第 1 项选择 B 或 C 扣 15 分;第 2 项选择 B 或 C 扣 5 分;第 5 项选择 B 扣 2 分,选择 C 扣 4 分;其余各项选择 B 扣 1.5 分,选择 C 扣 3 分。共计 20 分,扣完为止。

步骤三:如检查第 1 项时发现机油有冷却液混入、检查第 2 项时发现缸盖外有机油渗漏,则应在《二手车鉴定评估报告》或《二手车技术状况表》的技术状况缺陷描述中分别予以注明,并提示修复前不宜使用。

学习任务 3　驾驶舱检查

任务描述

一位客户开着一辆科鲁兹轿车来到店里想进行二手车评估,评估员韩梅梅热心地接待了客户,耐心倾听了客户的车辆情况,对车辆主要证件及各种税费单据进行了检查,并且对车身外观和发动机舱检查后,韩梅梅启动了对该车辆驾驶室内转向盘、控制踏板、部分电子元件等内容检查的业务流程。

建议学时:6 学时

单元 3　二手车鉴定及价值评估

📖 **学习准备**

一、知识准备

(1) 驾驶室检查的意义与实施方式(查阅本学习任务的学习参考资料)。

(2) 驾驶室内座椅、转向盘、地板及电器元件开关等检查内容(查阅本学习任务的学习参考资料)。

(3) 控制踏板的检查项目与内容(查阅本学习任务的学习参考资料)。

(4) 找出任务描述中的关键词,结合知识准备,通过查阅学习参考资料,对应整理出完成该任务所需要的检查内容和检测方法要点(表 3-21)。

驾驶室检查项目及检测标准　　　　表 3-21

驾驶室检查项目	检 测 标 准

二、工作场所

一体化教室。

三、工作器材

车辆、驾驶室检查项目表。

 计划与实施

(1) 检查驾驶室内各操纵机构与电器元件是否能正常工作。

(2) 检查驾驶室内饰等项目是否正常。

(3) 在教师的引导下分组,以小组为单位学习相关知识,并完成以下学习任务。

① 检查驾驶室时要注意哪些关键事项?

② 在进行驾驶员操纵部分检查时应重点检查什么内容?

③在进行驾驶舱内饰等项目的检查时,检查的标准是什么？

④在进行驾驶舱电气设备检查时应检查什么内容？

⑤完成本工作任务需要扮演哪些角色？这些角色的分工如何安排？请小组讨论后组长填写任务分工表(表3-22)。

任 务 分 工 表 表3-22

姓　　名	角色名称	工作内容	所需工具

⑥小组按照工作步骤,结合《驾驶室检查项目表》演练任务,并进行角色轮换(表3-23)。

驾驶室检查项目表 表3-23

序号	检查项目	选择项与扣分项				扣分	得分
		A项	扣分标准	C项	扣分标准		
1	车内是否有泡水痕迹	无	0	有	1.5		
2	车内整洁、无异味	整洁、无异味	0	不洁或有异味	0.5		
3	机动车转向盘的最大自由转动量从中间位置向左右不可超过15°	正常	0	不正常	1		
4	车顶及周边内饰清洁,无破损、松旷及裂缝和污迹	正常	0	不正常	1		
5	仪表台是否有划痕、裂痕,配件缺失	否	0	是	1		
6	排挡手柄(护罩)是否破损	否	0	是	1		
7	储物盒是否有划痕、裂痕,配件缺失	否	0	是	1		
8	天窗是否违规自行安装	否	0	是	1		
9	窗口密封条是否良好	是	0	否	1		
10	安全带功能结构是否完整	是	0	否	1		
11	驻车制动系统结构是否完整	是	0	否	0.5		
12	其他(若有仅进行缺陷描述,不扣分)						
总　计							

驾驶室检查共设 13 个项目(其中,"其他"不计入检查项目)。每个项目设有 A 和 C 两个选项,选择 A 均不扣分,选择 C 扣 0.5 分或 1 分。共计分数 10 分,扣完为止。若扣分总和大于 10 分,则得分以 0 计。

评价与反馈

一、学习效果评价

1. 知识考核(选择题)

(1)转向盘由中间位置向左或向右转动时,最大自由转动量,一般不允许超过(　　)。

    A.15°　　　　　B.20°　　　　　C.30°　　　　　D.40°

(2)踩下加速踏板过于轻松,可能(　　)接线松弛,需要检修。

    A.踏板　　　　B.点火器　　　　C.节气门　　　　D.加速器

(3)(　　)属于电气设备。

    A.刮水器　　　B.点烟器　　　　C.音响　　　　　D.发动机

(4)泡水车是指(　　)

    A.涉水深度超过车轮半径的车辆

    B.涉水深度超过车轮的车辆

    C.涉水行驶过的车辆

    D.水深超过发动机罩,达到前风窗玻璃的下沿

(5)汽车内一般设有(　　)和(　　),用以放置汽车维修手册、汽车维护记录等物件。

    A.杂物箱　　　B.座椅　　　　　C.托架　　　　　D.袋子

2. 技能考核

更换一辆在用的轿车,该车型为科鲁兹 1.6AT 轿车,学生根据驾驶室检查内容及要求进行操作,并填写表 3-24。

学生实践记录表　　　　　　　　　　　　　　表 3-24

班级		车型及年款	
姓名		车辆识别码	
学号		里程数	
实践项目		实践设备	评估单号
实践流程			
结果分析			

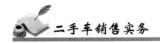

续上表

防范措施	
自我评价	良好□ 合格□ 不合格□
教师评价	良好□ 合格□ 不合格□ 教师姓名： 年 月 日

二、学习过程评价

在完成本单元所有学习任务后,通过小组会的形式进行总结和思考(表3-25)。

学习过程评价反馈表 表3-25

序号	评 价 项 目	学习任务的完成情况	签 名
1	工作页的填写情况		
2	独立完成的任务		
3	小组合作完成的任务		
4	教师指导下完成的任务		
5	是否达到了学习目标,特别是能否独立对驾驶室设备认知并调试		
6	存在的问题及建议		

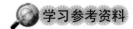

学习参考资料

一、驾驶室使用情况及维护情况判断

1. 驾驶室检查实际意义与实施方式(表3-26)

驾驶室检查实际意义与实施方式 表3-26

项目名称	驾驶室使用情况及维护情况判断
实际意义	驾驶室检查是车辆静态检查的重要项目之一,与车辆事故判断同等重要。对于二手车鉴定评估来说,评估车辆有无事故历史、日常使用情况如何、维护是否到位,这些问题都是直接影响车辆定价的重要因素。而在静态检查实际操作中,第一时间把握车辆的使用情况及维护情况,有利于我们挖掘车辆的实际技术状况
实施方式	车辆内饰使用及维护情况检查——实际评估工作中,驾驶员座椅、转向盘、控制踏板、换挡杆都是检查的重点,因为只要车辆行驶,这些部位就会产生磨损

2. 驾驶室使用情况及维护情况判断

驾驶室检查作为独立的检查项目,主要针对车辆内饰的使用程度、陈旧程度、破损程度进行检查。重点项目包括座椅、踏板、转向盘、地板及电器元件开关等。内饰的完好程度及维护程度对评估定价有一定的影响(表3-27)。

内饰完好程度及项目评估解释　　　　表3-27

项目编号	项目判断要点	项 目 评 估 解 释
1	陈旧性磨损	常用内饰部件(转向盘、座椅、换挡杆、踏板)的磨损检查。不良驾驶习惯、超长的行驶里程都造成这些部件的磨损,使其表面脱漆、侵蚀
2	破损、损坏	(1)内饰部件在长时间使用中意外破损。例如皮革、织物、塑胶类部件的破损。或开关旋钮等细节部件的损坏; (2)车辆事故所引起的内饰部件损坏
3	污渍	长时间使用中,内饰部件(塑料、皮革、织物、金属)表面会留有污渍,虽不属于破损,但严重影响美观,且不易清洁
4	气味	不良使用习惯及卫生习惯造成车内恶劣的气味,严重影响车辆的使用感受。有些气味很难去除

二、驾驶室检查项目及相关知识

1. 转向盘

转向盘是长期磨损部件之一,其磨损程度与车辆使用强度和驾驶员操作习惯有直接关系。例如:车辆使用强度过大,会造成转向盘过度磨损。驾驶员长期紧握转向盘,手汗会腐蚀转向盘。

检查方法:第一,将车辆停放在平坦路面上,左右转动转向盘,从中间位置向左或向右转动时,转向盘自由转动量不应该超过15°。第二,用两手握住转向盘,上下左右摇动,此时应没有松旷之感;如果很松,就需要调整转向轴承、横拉杆、直拉杆等。

2. 控制踏板

车辆的控制踏板也是内饰检查的重要项目。与转向盘一样,车辆只要行驶,踏板就一定要磨损。而控制踏板与转向盘唯一不同的是,它的磨损只来源于车辆使用频率。检查时,除了观察踏板磨损程度以外,还应检查踏板的行程平顺度。车辆的控制踏板包括有加速踏板、制动踏板、离合器踏板。

1)加速踏板

检查方法:观察加速踏板是否磨损过度发亮,若磨损严重,说明此车行驶里程已经很长。踩下加速踏板,试一试加速踏板有无弹性(图3-32)。若踩下加速踏板很轻松,说明节气门拉索松弛,需要检修;若踩下加速踏板较费劲,说明节气门

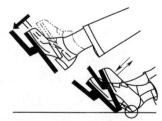

图3-32　踩下加速踏板,检查
加速踏板运动情况

拉索有阻滞、破损,可能需要更换。

2)制动踏板

检查方法:观察制动踏板的踏板胶皮是否磨损过度,通常制动踏板胶皮寿命是3万km左右,如果换了新的,说明此车已经行驶了3万km以上。

用手轻压制动踏板,自由行程应为10～20mm(图3-33),若不在此范围内,则应调整制动踏板的自由行程;踩下制动踏板全程时,检查制动踏板与地板之间应有一定的距离。踩下液压制动系统的制动踏板时,制动踏板反应要适当,过软说明制动系统有故障。

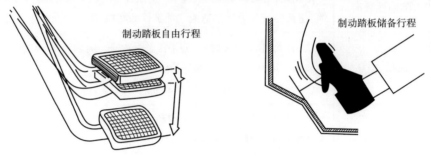

图3-33 检查制动踏板自由行程

3)离合器踏板

检查方法:观察离合器踏板的踏板胶皮是否磨损过度,如果已更换了新的踏板胶皮,说明此车已行驶了3万km以上。

轻轻踩下或用手推下离合器踏板,试一试离合器踏板有没有自由行程(图3-34),离合器踏板的自由行程一般为30～45mm。如果没有自由行程或自由行程小,会引起离合器打滑。如果踩下离合器踏板几乎接触到底板时才能分离离合器,说明离合器踏板自由行程过大,可能是由于离合器摩擦片或分离轴承磨损严重,需要检修离合器及其操纵机构。

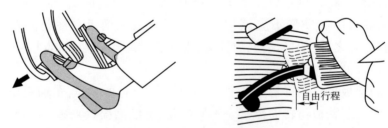

图3-34 检查离合器踏板自由行程

3. 驻车制动器操纵杆

驻车制动器操纵杆是驻车制动器的操纵机件,驻车制动器操纵杆俗称手刹,供停车后制动使用,以避免自动溜动。行车中若遇紧急制动时,常配合行车制动器使用,以增强整车制动效能;在坡道上停车及上坡起步时,也需要驻车制动器配合,以阻止汽车后溜。不同车型的驻车制动器也不尽相同,它有手动驻车制动器和脚踏式驻车制动器两种。

检查方法:松开驻车制动器,再拉紧驻车制动器操纵杆,检查驻车制动器操纵杆是否灵活、失效(图3-35),锁上机构是否正常。

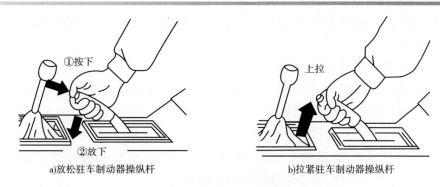

a) 放松驻车制动器操纵杆　　　　　　b) 拉紧驻车制动器操纵杆

图 3-35　检查手动驻车制动器操纵杆

大多数驻车制动器操纵杆拉起时应在发出 5~6 声"咔嗒"声后使后轮制动。多次"咔嗒"声后不能拉起制动杆,可能是因为太紧的缘故,发出更多或更少"咔嗒"声,说明驻车制动器需要检修。

4. 变速器变速杆

变速器变速杆是驾驶室检查的另一项重点。与其他驾驶操作部件一样,直接反映了车辆使用强度和驾驶员的驾驶习惯。

检查方法:用手握住变速器变速杆球头,根据挡位图,逐一将变速器换各个挡位,检查变速器换挡操纵机构是否灵活。

观察变速器变速杆防护罩是否破损,若有破损,异物(如硬币)就有可能掉入换挡操纵机构内,引起换挡阻滞,所以必须更换。

5. 座椅

主驾座椅——车辆只要行驶,主驾座椅就一定坐有驾驶员。所以主驾座椅是内饰检查的重点之一,它能够真实反映车辆日常使用者对车辆的维护程度以及车辆的使用强度。

检查方法:检查要点及方法见表 3-28。

座椅检查要点和方法　　　　　　　表 3-28

检查要点	检查方法
(1)检查座椅罩是否有撕破、裂开或有油迹等情况; (2)检查座椅前后是否灵活,能否固定; (3)检查座椅高、低能否调节,检查座椅后倾调节角度; (4)检查所有座椅安全带数量是否正确、在合适位置并工作可靠	观察法

6. 地毯和地板

检查方法:抬起车内的地板垫或地毯。检查是否有霉味,是否有水危害或内饰污染的痕迹。地板垫或地毯底下是否有水,如果水的气味像防冻液,则散热器芯可能泄漏。如果汽车已经浸泡,也可能出现车身地板变湿或生锈。在汽车已经浸泡过的情况下,应在装饰板上查找高水位标记,如果水位达到车门装饰板一半以上,损坏可能性要比单纯生锈更大和更严重。如果发现地板上有被水浸泡的迹象,则汽车的价格要大打折扣。

7. 部分电器元件

1) 刮水器和前风窗玻璃洗涤器

检查方法:打开刮水器和前风窗玻璃洗涤器,观察前风窗玻璃洗涤器能否喷出洗涤液。观察刮水器是否在所有模式下都能正常工作,刮水片是否清洁,刮水器运转是否平稳,刮水器关闭时,刮水片应能自动返回初始位置。

一般刮水器有高速、低速两个位置,新型轿车一般还设有间隙位置,当间隙开关开启后,刮水器能以2~12次/s的速率自动停止和刮拭。

2) 电动门锁

检查方法:使用钥匙在车外遥控打开所有门锁。同时,确保操作门锁按钮能使所有车门开锁。

3) 点烟器

检查方法:按下点烟器,观察点烟器能否正常工作。点烟器插座是许多附件共用的插座,如电子狗、手机充电器等。点烟器不能工作可能说明其他电路有故障(或者只是熔断丝烧断)(图3-36)。

图3-36 试用点烟器

4) 检查音响和收音机

检查方法:用一张CD唱盘检查CD机和音响系统,观察CD机能否正常工作,音质是否清晰。打开收音机开关,检查收音机能否工作。

许多汽车在静止和发动机停机时发出声响,应在发动机运转时倾听音响系统或收音机,检查是否有发动机电气系统干扰或由于松动、断裂或低标准天线引起的不良接收信号。

5) 除雾器

检查方法:打开除雾器几分钟后,后风窗玻璃摸上去应该是热的,则为系统工作正常。试一试前风窗玻璃除霜器,并在前风窗玻璃底部感受一下热空气。如果没有热气,可能意味着除霜器导管丢失或破裂。

学习任务4 起动检查

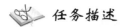 任务描述

一位客户开着一辆科鲁兹轿车来到店想进行二手车评估,评估员韩梅梅热心地接待了客户,耐心倾听了客户的车辆情况,对车辆主要证件及各种税费单据进行了检查,并且对车身外观和发动机舱及驾驶室内进行检查后,韩梅梅进行了对该车辆指示\警报

灯、发动机工作性能的起动检查。

建议学时:6学时

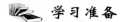 学习准备

一、知识准备

（1）起动检查发动机及主要部件的无负荷工况检查的意义与实施方式（查阅本学习任务的学习参考资料）。

（2）汽车上电子控制设备主要故障灯及其检查方法。（查阅本学习任务的学习参考资料）。

（3）发动机工作性能的检查项目。（查阅本学习任务的学习参考资料）。

（4）汽车排气常见三种不正常的烟雾。（查阅本学习任务的学习参考资料）。

（5）找出任务描述中的关键词，通过查阅学习参考资料，对应整理出完成该任务所需要的检查项目和检测内容要点（表3-29）。

起动检查项目及标准　　　　　　　　　　　　　表3-29

	检　查　项　目	检　测　标　准
起动检查发动机及主要部件的无负荷工况检查		

二、工作场所

一体化教室。

三、工作器材

车辆。

 计划与实施

（1）检查指示灯或警报灯是否能正常工作。

（2）检查发动机的起动性、急速、异响、急加速性、曲轴箱窜气量、排气颜色等项目。

(3) 在教师的引导下分组,以小组为单位学习相关知识,并完成以下学习任务。
① 客户李雷先生的科鲁兹轿车,在进行起动检查时应重点观察什么内容?
② 汽车排气三种不正常的烟雾分别代表什么情况?
(4) 小组学习,查阅学习参考资料,整理出起动检查项目的检测操作要领(表3-30)。

发动机工作性能检查 表3-30

检 查 内 容		检测\操作要领
检查指示灯或警报灯		
发动机工作性能检查	(1)检查发动机起动性;	
	(2)检查发动机怠速;	
	(3)检查发动机异响;	
	(4)检查发动机急加速性;	
	(5)检查发动机曲轴箱窜气量;	
	(6)检查排气颜色	

(5) 完成本工作任务需要扮演哪些角色?这些角色的分工如何安排?请小组讨论后组长填写任务分工表(表3-31)。

任 务 分 工 表 表3-31

姓　　名	角色名称	工作内容	所需工具

(6) 小组按照工作步骤演练任务,结合《发动机起动检查项目与扣分标准》演练任务,并进行角色轮换(表3-32)。

发动机起动检查项目与扣分标准 表3-32

序号	检 查 项 目	选择项与扣分标准				扣分	得分
		A项	扣分标准	C项	扣分标准		
1	检查车辆起动是否困难	起动正常	0	起动不正常	2		
2	检查仪表板上的指示灯显示是否正常,是否有故障报警	工作正常	0	工作不正常	2		
3	各类灯光的调节功能及泊车雷达功能是否正常	工作正常	0	工作不正常	1		
4	空调系统风量大小和方向调节工作是否正常	工作正常	0	工作不正常	0.5		

续上表

序号	检查项目	选择项与扣分标准				扣分	得分
		A项	扣分标准	C项	扣分标准		
5	空调系统空气循环工作是否正常	工作正常	0	工作不正常	0.5		
6	空调分区控制和自动控制	工作正常	0	工作不正常	0.5		
7	空调系统制冷系统工作是否正常	工作正常	0	工作不正常	0.5		
8	各类仪表显示是否正常	工作正常	0	工作不正常	1		
9	发动机在冷/热车条件下怠速运转是否稳定	稳定	0	不稳定	10		
10	发动机声响是否正常	工作正常	0	工作不正常	2		
11	车辆是否冒蓝烟	无	0	有蓝烟	10		
12	空挡状态下逐渐增加发动机的转速不超过发动机额定转速的2/3,听发动机声,加速时过渡是否均匀,有无异响	无异响		有异响	2		
13	其他(若有,仅进行缺陷描述,不扣分)		0		0		
	总　　计						

发动机起动检查共设13项(其中,"其他"不计入检查项目),每个项目设有A和C两个选项,选择A均不扣分,选择C扣0.5分或10分不等。共计分数15分,扣完为止,若扣分总和大于15分,则得分以0计。

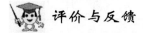

评价与反馈

一、学习效果评价

1. 知识考核(选择题)

(1)发动机的动力性指标主要是指(　　)。
　　A.调速器　　　　　　　　B.发动机排量
　　C.有效功率与有效转矩　　D.转速

(2)汽油机排气颜色为黑色,说明(　　)。
　　A.冷却液温度过低
　　B.有机油窜入汽缸燃烧室内参与燃烧
　　C.混合气过浓或是点火时刻过迟,造成燃烧不完全
　　D.以上都不做正确

(3)汽油机排气颜色为蓝色,说明(　　)。
　　A.混合气过浓或是点火时刻过迟,造成燃烧不完全

B. 有机油窜入汽缸燃烧室内参与燃烧

C. 冷却液温度过低

D. 以上都正确

2. 技能考核

更换一辆在用的轿车,该车型为科鲁兹 1.6AT 轿车,学生根据指示灯或警报灯、发动机工作性能检查内容及要求进行操作,并填写表 3-33。

学生实践记录表　　　　　　　　　　　　　　　表 3-33

班级		车型及年款	
姓名		车辆识别码	
学号		里程数	
实践项目		实践设备		评估单号	
实践流程	
结果分析	
防范措施	
自我评价	良好□　合格□　不合格□
教师评价	良好□　合格□　不合格□ 教师姓名:　　　　　　　　　　　　　年　月　日

二、学习过程评价

在完成本单元所有学习任务后,通过小组会的形式进行总结和思考(表 3-34)。

学习过程评价反馈表　　　　　　　　　　　　表 3-34

序号	评价项目	学习任务的完成情况	签　名
1	工作页的填写情况		
2	独立完成的任务		
3	小组合作完成的任务		
4	教师指导下完成的任务		
5	是否达到了学习目标,特别是能否独立起动汽车、观测故障仪表情况		
6	存在的问题及建议		

学习参考资料

一、起动检查发动机及主要部件的无负荷工况检查

起动检查发动机及主要部件的无负荷工况检查的意义与实施方式见表 3-35。

无负荷工况检查的意义与实施方式　　　表 3-35

项目名称	起动检查发动机及主要部件的无负荷工况检查
实际意义	是指车辆原地怠速情况下,检查车辆的机械部件运转情况。包括发动机、变速器、转向以及电气、电子部件(音响、灯光、空调等)。无负荷工况检查的重点是发动机
实施方式	主要利用观察法检查各部件,个别部件的检查需要特殊技巧。主要检查项目包括: (1)发动机:怠速运转平顺性、噪声、转速提升与降低的平顺性、尾气颜色; (2)变速器:原地换挡,各挡位间的平顺性、车身抖动; (3)转向:配备助力转向的车辆,原地转向,车辆内外噪声、助力泵噪声、转向平顺度、极限转向; (4)电气电子部件:功能有效性、齐全性

二、起动检查的检查项目及相关知识

1. 检查指示灯或警报灯

汽车上有很多指示灯或警报灯,如制动警报灯、机油压力警报灯、充电指示灯、远光指示灯、转向指示灯、燃油残量指示灯、驻车制动指示灯等,应分别观察检查这些指示灯或警报灯是否能正常工作。

电控系统的故障灯一般在仪表盘上,均设有故障灯,当这些灯亮时,表明此电子控制系统有故障,需要维修,因此应特别注意观察。汽车上电子控制设备主要故障灯有发动机故障灯、ABS 故障灯、冷却液温度故障灯等,如图 3-37 所示。

ABS指示灯　安全带指示灯　蓄电池指示灯　机油指示灯

油量指示灯　驻车制动指示灯　冷却液温度指示灯　发动机指示灯

车门指示灯　气囊指示灯　远光指示灯　清洗液指示灯

图 3-37　汽车常见的指示灯和警报灯

检查方法:打开点火开关,观察这些故障灯是否亮 3s 后,自动熄灭。若在 3s 内自动熄灭,则表明此电子控制系统自检通过,系统正常;若在 3s 内没有熄灭,或根本就不点

亮,说明此电子控制系统自检不通过,系统有故障。由于电控系统的故障较复杂,对汽车的价格影响很大,若有故障,应借助于专用诊断仪检查故障原因,以判断此系统的故障位置。

2. 发动机工作性能检查

检查发动机工作性能主要是检查发动机的怠速运转平顺性、噪声、转速提升与降低的平顺性、尾气颜色等项目。

1) 发动机起动性能

发动机起动时,看起动是否容易,发动机是否良好。一般起动不应超过 2~3 次,每次起动时间不超过 5~10s,再次起动时间要间隔 15s 以上。若发动机不能正常起动,说明发动机的起动性能不好。

影响发动机起动性能的因素有很多,主要有油路、电路、气路和机械四个方面。如,供油不畅、电动汽油泵无保压、点火系统漏电、蓄电池电极锈蚀、空气滤清器堵塞、汽缸磨损致使汽缸压力过低、气门关闭不严等。发动机起动困难应综合分析各种原因,虽然有很多原因会引起发动机起动困难,但对车价的影响相差很大。

2) 检查发动机怠速

发动机起动后使其怠速运转,然后打开发动机罩听听有没有运转杂音。如有杂音,说明机件磨损过大;看看车头运转是否平稳,车头越静、越稳越好。观察仪表盘上的发动机转速表,此时,发动机的怠速应为 (800 ± 50) r/min,不同发动机的怠速转速可能有一定的差别。若开空调,发动机转速应上升,其转速应在 1000r/min 左右。

发动机怠速时,若出现转速过高、过低、发动机抖动严重等现象,均表明发动机怠速不良。引起发动机怠速不良的原因多达几十种,如点火正时、气门间隙、进气系统、怠速阀、曲轴箱通风系统、废气再循环系统、活性炭罐系统、点火系统、供油系统、线束等出现问题均可能引起怠速不良,鉴定评估人员应引起重视。

3) 检查发动机异响

让发动机怠速运转,听发动机有无异响、响声大小。然后,用手拨动节气门,适当增加发动机转速,倾听发动机的异响是否加大,或是否有新的异响出现。

正常情况下,发动机各部件配合间隙适当、润滑良好、工作温度正常、燃油供给充分、点火正时对准确,无论转速和负荷怎样变化,都是一种平稳而有节奏、协调而又圆滑的"轰轰"声。在额定转速内,除正时齿轮、机油泵齿轮、喷油泵齿轮、喷油泵传动齿轮及气门有轻微均匀的响声以外,若发动机发出敲击声、咔嗒声、爆燃声、咯咯声、尖叫声等均是不正常的响声。如果有来自发动机底部的低频隆隆声或爆燃声,则说明发动机严重损坏,需要对发动机进行大修。

发动机异响是很难排除的,尤其是发生在发动机内部的异响,鉴定评估人员应引起高度重视。

4) 发动机急加速性能

检查加速的灵敏性。待冷却液温度、油温正常后,用手拨动气门,由怠速状态猛然加速,看发动机转速是否可以由低速到高速灵活反应;然后加速状态猛松节气门,看是否怠速熄火或工作不稳。通常急加速时,发动机发出强劲且有节奏的轰鸣声。

5) 发动机曲轴箱窜气量

打开加机油口盖,慢慢加油,若窜气严重,用肉眼就可以看出。若窜气不严重,可用一张白纸,放在离加机油口 5cm 的地方,然后加油。若窜油、窜气,白纸上会有油迹,严重时油迹大。正常发动机曲轴箱的窜气较少,无明显油气味,四缸发动机一般在 10～20L/min。若曲轴箱窜气量大于 60L/min,则曲轴箱通风系统不能保证曲轴箱的气体完全被排出,通风系统可能结胶堵塞,曲轴箱气体压力将增大,曲轴箱前后油封可能漏油,表明此发动机已需要大修。

6) 检查排气颜色

正常的汽油发动机排出的气体是无色的,在严寒的冬季可见白色的水汽;柴油发动机带负荷运转时,发动机排出的气体一般是灰色的,负荷加重时,排气颜色会深一些。汽车排气常有三种不正常的烟雾。具体见表3-36。

汽车排气常有三种不正常的烟雾 表 3-36

项目编号	项目名称	项目解释
1	大量白烟	现象描述:白烟烟量较大,常伴有冷却液蒸发的味道。 常见原因:发动机缸垫损坏,使冷却液窜入汽缸;也可能是缸体有裂纹,冷却液进入汽缸内,这种发动机的价值就要大打折扣
2	大量蓝烟	现象描述:尾气大量蓝烟,急速、原地加油,或行驶途中达以一定速度时发生。 常见原因:发动机燃烧室窜入机油,应检查活塞气环及缸筒内壁。配备涡轮增压的车辆,涡轮增压损坏,也会使机油参与燃烧
3	大量黑烟	现象描述:尾气呈黑色,有时轻微,有时浓重,常见于汽油机,急速加油或行驶途中。 常见原因:汽油燃烧不充分,燃烧效果欠佳

将手放在距排气管排气口 10cm 左右处,感觉发动机怠速时排气气流的冲击(图3-38)。正常排气气流有很小的脉冲感。若排气气流有周期性的打嗝或不平稳的喷溅,表明气门、点火或燃油系统有问题而引起间断性失火。

3. 变速器检查

变速器的检查主要是通过挂挡、换挡、听声音来判断故障。分为手动变速器和自动变速器两种,详见表3-37。

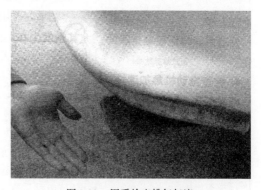

图 3-38 用手检查排气气流

变速器检查　　　　　　　　　　　　　　　　　　　　　　　表 3-37

项目编号	项目名称	项目解释
1	手动变速器（MT）	检查方法：怠速情况下，离合器分离状态，各前进挡和倒挡之间进行切换。行驶情况下各挡位间的切换。 常见问题： (1) 换挡噪声大； (2) 换挡困难（入挡、脱挡困难）； (3) 自动脱挡
2	自动变速器（AT）	检查方法：怠速情况下，紧踩制动，P、R、N、D各挡位间切换。行驶情况下，各挡之间自动升降。 常见问题： (1) 原地换挡，车身晃动大，变速器异响； (2) 起步与行驶中，滑挡、闯挡、脱挡

4. 电气电子设备检查项目（表 3-38）

电子电气设备检查　　　　　　　　　　　　　　　　　　　表 3-38

项目编号	项目名称	项目解释
1	定速巡航系统	大致分为德系、美系、日系三种不同类型，多数以机械定速系统为主，部分高端车为电子控制。 检查方法：主要以实际路试为主，注意大部分巡航定速系统都需要一定的起动速度
2	电动调节座椅	多见于驾驶位置或前排，部分高端车后排也配备，且常伴随腰部充气支撑功能。 检查方法：车辆怠速时实际操作测试。 常见问题：电动机异常噪声、振动、单向调节不顺畅、整体失灵等
3	导航系统	部分高端车型原厂配备，部分车型改装增添。需要注意原厂导航的特点和重要性。 检查方法：实际使用。 常见问题：地图陈旧、久未升级、导航系统故障（多见于改装增添）
4	空调系统	常见手动、自动两种，高级轿车常有分区独立空调。 检查方法：冷暖测试。注意冬季测试冷风，室温变化不大，这时主要检查压缩机起动、工作正常、无明显噪声或跳挡
5	灯光	照明灯光、室内灯光两类。 检查方法：单人时可利用环境反射查看。依次操作照明灯及室内灯，查看有效性。注意氙气前照灯与卤素前照灯的发光特点
6	电动车窗及后视镜	不同品牌车型、制式会有不同。但操作基本相同，并注意触式电动车窗的测试方法。 检查方法： (1) 按下电动车窗开关，各车窗升降器应能平稳、安静地工作，无卡滞现象，各车窗能升起和落下； (2) 电动后视镜应能平衡的先向左移动，再向右移动

单元3　二手车鉴定及价值评估

学习任务5　路试检查

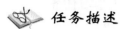
任务描述

客户张斌有一辆雪佛兰科鲁兹轿车,手动低配,2009年10月8日购买,现在想卖掉。根据客户张斌先生描述,这辆车张斌先生除了用于上下班代步使用外,平时节假日常自驾到乡下郊游,常走颠簸不平的山路,目前车辆行驶里程为124792km。二手车评估员王笑笑了解情况后,开始对张斌先生的车辆进行路试检查。

建议学时:6学时。

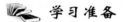
学习准备

一、知识准备

(1)路试前、中、后的检查项目及检测方法(查阅本学习任务的学习参考资料)。
(2)自动变速器的路试检查项目及检测方法(查阅本学习任务的学习参考资料)。
(3)使用路试检查项目与扣分标准准确判断车辆的级别。
(4)找出任务描述中的关键词,通过查阅学习参考资料,对应整理出完成该任务所需要的检查项目和检测方法(表3-39)。

检查项目及检测方法　　　　　　　　　　　表3-39

检查项目		检测方法
路试前		
路试中		
路试后		

二、工作场所

实训车间、规定的路试路段。

三、工作器材

车辆、轮胎胎压检测器、车辆路试检查表。

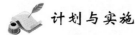 **计划与实施**

(1) 确认车辆的油量、轮胎胎压与制动踏板行程制动灯工作情况。

(2) 在教师的引导下分组,以小组为单位学习相关知识,并完成以下学习任务。

① 根据张斌先生的用车情况,路试检查时应重点检查的项目有哪些?

② 完成本工作任务需要扮演哪些角色?这些角色的分工如何安排?请小组讨论后组长填写任务分工表(表3-40)。

任务分工表　　　　　　　　　　　　　表3-40

姓　名	角色名称	工作内容	所需工具

③ 小组学习,查阅工作页,根据路试检查项目表进行路试检查操作并准确描述检查结果(表3-41)。

检查项目及检查结果　　　　　　　　　　表3-41

	检查项目	检查结果	结果分析
路试检查	离合器性能		
	换挡性能		
	动力性能		
	制动性能		
	操纵稳定性		
	隔声性能		
	路试后的检查		

(3) 整理出汽车路试检查项目的检测操作要领。

(4) 小组按照检测操作要领演练任务,并进行角色轮换。

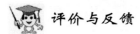 **评价与反馈**

一、学习效果评价

1. 知识考核(选择题)

(1) 汽车在路试检查时,行驶的时速为( )。

　　A. 20km/h　　　B. 30km/h　　　C. 40km/h　　　D. 50km/h

(2) 根据汽车技术条件的有关规定,离合器踏板的自由行程一般为( )。

　　A. 25～50mm　　B. 30～50mm　　C. 30～45mm　　D. 25～40mm

(3) 以下描述错误的是( )。

A. 汽车动力性能最常见的指标是从静态加速至100km/h的所需时间和最高车速
B. 检查手动变速器时需将变速器从逐级加速到高速挡即可
C. 通常汽车排量越大，行驶越平顺，但燃油消耗也越多
D. 通常驻车制动力不应小于整车质量的20%

(4) 汽车路试结束后机油温度不能超过(　　)。
　A. 60℃　　　　　B. 70℃　　　　　C. 80℃　　　　　D. 90℃

(5) 轿车空载时的制动距离要求为：初速度为50km/h时的制动距离(　　)。
　A. ≤22m　　　　B. ≤24m　　　　C. ≤19m　　　　D. ≤20m

(6) 轿车满载时的制动距离要求为：初速度为50km/h时的制动距离(　　)。
　A. ≤22m　　　　B. ≤20m　　　　C. ≤24m　　　　D. ≤19m

(7) 对汽车做动态检测时，不属于路试检测的项目是(　　)。
　A. 轮胎磨损程度　B. 滑行情况　　　C. 加速性能　　　D. 制动性能

(8) 汽车向左转向和向右转向的转弯直径一般(　　)。
　A. 不相等　　　　B. 高速时相等　　C. 相等　　　　　D. 低速时相等

(9) 汽车紧急制动情况下，当车轮的滑移率在(　　)时，制动性能最佳。
　A. 1　　　　　　B. 0.2左右　　　　C. 0.5　　　　　　D. 0.75

(10) 下列指标中，不属于汽车制动性的指标为(　　)。
　A. 制动效能　　　　　　　　　　　B. 自动时的方向稳定性
　C. 加速时间　　　　　　　　　　　D. 制动抗热衰退性

2. 技能考核

一辆雪佛兰科鲁兹轿车，自动挡低配，学生按照汽车路试检测要领进行操作，并填写表3-42。

学生实践记录表　　　　　　　　　　　　　　　　　表3-42

班级		车型及年款	
姓名		车辆识别码	
学号		里程数	
实践项目		实践设备		维修工单号	
实践流程	
结果分析	
防范措施	
自我评价	良好□　合格□　不合格□
教师评价	良好□　合格□　不合格□ 教师姓名：　　　　　　　　　　　年　月　日

117

二、学习过程评价

在完成本单元所有学习任务后,通过小组会的形式进行总结和思考(表3-43)。

学习过程评价反馈表　　　　　　　表3-43

序号	评价项目	学习任务的完成情况	签名
1	工作页的填写情况		
2	独立完成的任务		
3	小组合作完成的任务		
4	教师指导下完成的任务		
5	是否达到了学习目标,特别是能否独立完成车辆路试检查的叙述,操作步骤是否完整		
6	存在的问题及建议		

学习参考资料

随着车辆行驶里程的增加,车辆的加速性、制动性等各方面性能会下降,车辆油耗量随之会增加等。车辆的路试检查是检查车辆整体性能的有效途径之一,对二手车的等级评估起着重要作用。二手车路试检查主要是通过对发动机起动、怠速、起步、加速、匀速、滑行、强制减速、紧急制动,从低挡位到高挡位,再从高挡位到低挡位,检查车辆的操控性、制动性、稳定性、平顺性、加速性能、噪声及排放等情况。本学习任务将分别从路试前、中、后三个阶段介绍路试检查项目与检测方法。

一、二手车路试检查实际意义与实施方法(表3-44)

二手车路试检查的实际意义与实施方法　　　　　　　表3-44

项目名称	路　试　检　查
实际意义	将静态检查、无负荷工况检查的所有关于车辆主要机械部件及电气部件的检查结果及疑问,通过实际路试的形式加以检查与判断,深入了解车辆的现时技术状况。 　　按照静态检查、无负荷工况检查、路试检查这样的顺序进行机动车现时技术状况鉴定,体现了由面到点、由概括到具体、由浅入深的评估特点
实施方式	利用评估师自身的车辆技术常识及对故障的判断技能,在实际路试中对之前做过的所有检查加以复核,发现隐藏在部件内部的问题。 检查方法: 　　(1)直线贴墙法:将车身一侧贴近墙体或其他较长障碍物,距离1~1.5m,将贴近障碍物一侧的车窗玻璃全部降下。起步、加速、快速通过、换挡、制动动作,障碍物均会反射车辆外部发出的噪声,传回驾驶室内。利用噪声,判断车辆各部件技术状况的方法。另外,较长的直线型贴近物体还可以作为参照物,测试车辆跑偏程度及滑行情况。以此方法下驶过颠簸路段,最容易判断底盘悬架及行驶系统各部件的性能。 　　(2)8字绕桩法:可在不同面积的空旷地进行,也可依场地限制改变8字的外形。车辆匀速在8字线路上行驶。可加减挡、制动。频繁的转向、加减挡、制动、提速,是测试车辆转向系统、行驶系统、制动系统、变速器等主要机械部件的好方法

二、车身外观检查要点及相关知识

1. 车辆路试检查项目（表3-45）

路试检查项目　　　　　　　　　表3-45

项目编号	项目名称	项目解释
1	机械噪声	车内外噪声，检查来自发动机、底盘、悬架、轮胎等主要部件的噪声。要能够简单判断噪声的来源及常见问题
2	提速	检查发动机转速与车辆速度的提升是否成正比。提速是否顺畅，无顿挫。以此判定发动机及传动系统工作是否正常
3	变速器	手动挡变速器、自动挡变速器，检查挡位切换是否平顺，换挡是否有顿挫感，换挡噪声是否过大，是否有脱挡、掉挡、闯挡现象
4	制动器	车辆制动是否有异常噪声，制动力是否过低，制动距离是否过长，制动踏板力度是否平均，反应是否迅速
5	车轮定位	直线行驶车辆是否跑偏，转向盘是否不正
6	转向系统	转向是否平顺，配备助力转向的车辆，助力是否均匀、连续，回轮是否正常，转向是否有异响
7	手动挡离合器	手动挡车辆离合器离合点是否清晰，力度是否过重，有无离合器分离不良等现象
8	故障信息	路试过程中检查仪表中有无故障灯亮起，配备行车电脑的车辆，检查有无故障信息或故障报警

2. 相关知识

1) 路试前的准备工作

(1) 路试路段的选择。

路试路段应选择在二手车销售市场附近的宽阔道路，路试时间大约为15min，车辆在不同的路况和工况下行驶，以全面检查车辆性能。

(2) 加满燃油箱的油量。

检查汽车的燃油消耗是检测汽车经济性的指标，通常使用单位行驶里程的燃料消耗量、单位运输工作量的燃料消耗量或消耗单位的燃料所行驶的里程来评价燃油经济性。为了方便检测车辆的燃油经济性，在车辆路试前将油箱加满，将里程表中的短程里程表清零后上路（图3-39），当短程里程表的指示数到达100km左右时，再将油箱加满并记录加油量（图3-40）。将记录下的加油量除以短程里程表上的千米数再乘以100，即是车辆的百公里油耗。

当然，影响车辆的油耗的因素有很多，例如车辆行驶的路面情况、空调状态、乘员数量或货物质量、轮胎及轮胎的气压，驾驶员的驾驶技术、车辆维护等。因此，为了提高车辆燃油性测试的准确性,应进行 2~3 次测试后取平均值。

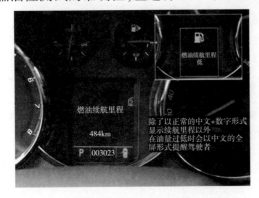

图 3-39 短程里程表清零　　　　　图 3-40 油量表显示为"满"

(3) 检查制动踏板行程并确保制动灯工作。

车辆制动系统是否良好关系到路试测试人员的安全,因此路试前务必检查制动系统的工作情况并确保制动灯的正常工作,否则会被罚款(图 3-41)。检查制动踏板的感觉,如果制动踏板有松软感,可能制动管路里有空气,制动系统中某处可能会有泄漏;如果制动踏板踩下 25~50mm,感觉到坚实而没有松软感,即为正常情况(图 3-42)。另外,还要检查驻车制动是否工作,是否能将汽车稳固地保持住,全方位确保驾驶员的行驶安全。

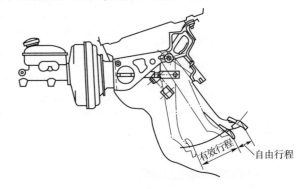

图 3-41 制动灯正常亮起　　　　　图 3-42 制动踏板 自由行程

(4) 检查轮胎气压。

轮胎气压是否达到符合规定,涉及是否能准确判断汽车的性能,因此在车辆路试前应使用轮胎气压表测量汽车轮胎胎压,确保轮胎胎压达到相应车型的胎压要求(图 3-43)。如发现轮胎气压不足应进行充气;气压过高,应放出部分气体,以至胎压达到标准值。

2) 汽车路试检查

汽车路试的总里程数一般为 20km,通过对车辆的起动、急速、加速、匀速、滑行、制动等方式,让汽车在不用路况与不同工况下对汽车各方面性能进行检测。

(1) 检查离合器的工作状况。

在汽车行驶状态下检查离合器的接合性能。在车辆处于停车状态下踩下离合器,应无噪声、卡滞现象;挂挡缓抬离合器时,要求起步柔顺、无起步冲突;在离合器完全接合的状态下加速,无打滑现象。根据汽车技术条件的规定,离合器踏板的自由行程一般为 30~45mm(图3-44)。自由行程太小,说明离合器摩擦片磨损严重。离合器踏板力应与该型号汽车的踏板力相适应,各种汽车的离合器踏板力不应大于300N。如果离合器发抖或有异响,说明离合器内部有零件损坏现象,应立即结束路试。离合器检查如图3-45所示。

图 3-43 轮胎胎压检查

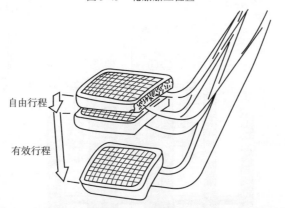

图 3-44 离合器自由行程与有效行程

图 3-45 离合器检查

(2)检查变速器的工作状况。

首先,在车辆停车的状态下踩下离合器踏板将所有挡位都挂一次,检查各个挡位是否柔顺、是否有卡滞现场;然后,在车辆行驶状态下,从起步加速到高速挡,再由高速挡减至低速挡,检查各个挡位运作是否平稳、是否有噪声、是否出现掉挡情况。以上现象均无发生,则说明变速器状态良好。

如果在换挡时,变速器齿轮发生异响,感觉换挡困难,这可能是由于换挡联动机构失调,或换挡拨叉变形或锈蚀,或同步器损坏所致,需进行调整或更换同步器,但更换同步器费用较高;如果汽车在行驶过程中,急速加速时或汽车受到冲击时,变速杆自行回到空挡,即为掉挡现象,这时说明变速器内部磨损严重,需要更换磨损的零件,才能恢复正常的性能;如果在路试中,在换挡后出现变速杆发抖现象,表明汽车变速器使用时间很长,变速器的操纵机构的各个铰链处磨损松旷,使变速杆处的间隙过大。

变速器维修费用较高,因此,二手车检查时一定要仔细检查变速器的技术状况。

变速器结构如图 3-46 所示。

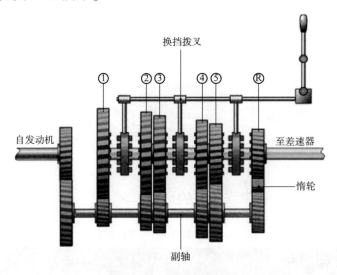

图 3-46 变速器结构图

(3)检查汽车动力性。

汽车动力性是汽车各种性能中最重要、最基本的性能,它表示了汽车以最大可能的平均形式速度运送货物或乘客的能力。汽车动力性最常见的评价指标有三个,即:汽车的最高车速、汽车的加速时间和汽车能爬上的最大坡度。而汽车从静态加速至 100km/h 的所需时间和最高车速,是最具意义的动力性能指标和国际流行的小客车动力性能指标。汽车动力性的检查方法如下。

汽车由 1 挡或 2 挡起步后,加速行驶,测算汽车以最大的加速强度逐步换至最高挡后达到某一预定的距离或车速所需要的时间之后,通过与正常的该型号汽车的加速时间相对比,判定汽车的动力性能。通常各种汽车设计时的加速性能不尽相同,就轿车而言,一般发动机排量越大,加速性能就越好。

被检测汽车在满载情况下,原地起步加速行驶,在指定坡路上与使用相应挡位时的动力性能检查车辆的加速性能。如果汽车在坡道上行驶,加速无力,说明发动机的功率不足,这可能是由于车辆时间过长、磨损过度等原因造成加速无力。

如果汽车最终测试的结果与原车设计值差距较大,说明车辆的动力性差,是一辆"老爷车"。

(4)检查汽车制动性能。

汽车的制动性能涉及车上人员的行驶与乘坐安全,因此汽车制动不灵敏或者失灵的车辆是禁止上路的。评价汽车制动性能的指标有制动效能、制动效能恒定性和方向稳定性。

①汽车的制动效能指汽车迅速减速直至停车的能力,用制动时间、制动减速度、制动距离表示。检查汽车的制动效能,可以将汽车车速加速提高40km/h,进行紧急制动,测量制动印痕的长度。

②汽车在连续地较长时间进行较大强度的制动时,汽车的制动器的温度会迅速升温,导致汽车制动器摩擦系数减小,摩擦力矩下降,影响汽车的制动效能恒定性。因此,可以将汽车以一定车速连续制动15次,而被检测车辆每次制动减速度为3m/s,在制动踏板力相同时的制动效能不低于检测车型冷状态下制动效能的60%,则被检测车辆的制动效能恒定性为良好。

③汽车制动的方向稳定性是指汽车在制动过程中无跑偏、无甩尾、无侧滑现象。可以将被检测车辆加速至20km/h作一次紧急制动,车辆无跑偏、甩尾现象,再将车加速至50km/h,先用点制动的方法检查汽车制动,车辆立即减速、无跑偏现象,最后用紧急制动的方法检查制动距离和跑偏量。

机动车在规定的初速度下的制动距离和制动稳定性应符合表3-46的要求。

制动距离和制动稳定性要求 表3-46

机动车类型		制动初速度(km/h)	制动距离(m)		试车道宽度(m)
			满载	空载	
三轮汽车		20	≤5.0		2.5
乘用车		50	≤20.0	≤19.0	2.5
总质量≤3500kg	低速汽车	30	≤9.0	≤8.0	2.5
	一般汽车	50	≤22.0	≤21.0	2.5
其他汽车、汽车列车		30	≤10.0	≤9.0	3.0
轮式拖拉机运输机组		20	≤6.5	≤6.0	3.0
手扶变型运输机		20	≤6.5		2.3

另外,车辆路试结束应检查车辆制动片的厚度,如果车辆的制动片磨损过度,车辆在制动时制动踏板或制动鼓会发出冲击或尖叫声;如果踏下制动踏板软而无力,则说明制动管路有空气进入,或制动系统某处有泄漏,应立即停止路试。

(5)检查汽车行驶稳定性。

汽车的稳定性指汽车抵抗外界干扰而保持稳定行驶的能力,检测汽车稳定性的指标有汽车的极限稳定性、侧向极限稳定性、转向操纵稳定性及操控轻便性。检测汽车的稳定性的方法如下。

车辆在以15km/h速度行驶时,转向盘向左、向右转动灵活,驾驶员双手离开转向盘没有出现跑偏现象,车辆转弯后自动回正良好,说明被检测汽车的行驶稳定性良好。如果转向出现沉重现象,说明汽车轮胎胎压不足或者汽车转向机构各球头缺油,而对于具有助力转向功能的车辆,则可能是由于动力转向泵和齿轮齿条磨损严重造成,维修成本相当高。如果汽车转向盘转动时发出"嘎吱"声,则表明转向油液面过低。

车辆以50km/h左右中速直线行驶,驾驶员双手离开转向盘,汽车没有出现偏向一边的情况,说明被检测车辆的转向轮定位准确,车身与悬架没有变形。

车辆以90km/h以上高速行驶时,转向盘无摆动现象,说明被检测车辆不存在车轮严重不平衡或不对中的问题。若汽车在高速行驶时,出现前轮左右摇摆沿波形前进的现象,会严重破坏车辆的平顺性,导致轮胎严重磨损,甚至影响车辆的行驶安全。

转向盘最大自由转动量不允许大于20°(最高设计车速不小于100km/h的机动车)。若转向盘的自由转动量过大,意味着转向机构磨损严重,使转向盘的游动间隙过大,从而造成转向不灵。

(6)检查汽车行驶平顺性。

汽车的行驶平顺性指乘客乘坐车辆的舒适性。将被检测汽车开到凹凸不平的路面行驶,或者让汽车通过铁轨、公路有伸缩接缝处时,车内乘客无感觉到明显的抖动,说明车辆的舒适性高。通常汽车排量越大,行驶越平顺,但燃油消耗也越多。而如果汽车在不良路况行驶过程中,汽车前端发出忽大忽小的"嘎吱"声或低沉噪声,这可能是滑柱或减振器紧固装置松了,或轴承磨损严重;如果汽车转弯时,若车身侧倾过大,则可能是横向稳定杆衬套或减振器磨损严重;如果在前轮驱动汽车上,前面发出"咯哒"声、沉闷金属声、"滴嗒"声,则可能是等速万向节已磨损,需要维修,等速万向节维修费用昂贵,和变速器大修费用差不多。

(7)检查汽车传动效率。

在平坦的路面上,做汽车滑行试验。将汽车加速至30km/h左右,踏下离合器踏板,将变速器挂入空挡滑行,其滑行距离应不小于220m。否则,汽车传动系统的传动阻力大,传动效率低,油耗增大,动力不足。汽车越重,其滑行距离越远。初始车速越高,其滑行距离也越远。将汽车加速至40~60km/h迅速抬起加速踏板,检查有无明显的金属撞击声,如果有,说明传动系统间隙过大。

(8)检查车辆的密封性。

车辆的密封性是否良好关系到车辆的乘坐的舒适性。通常,车速越高,车辆的风噪越大,对于流线型设计、空气动力学好的汽车来说,密封性和隔声性较好,风噪声较小,而对于整形后的事故车,风噪声一般较大。因此,将被检测车辆的车速逐步提高,使得汽车在高速状态下行驶,倾听车外风噪声。风噪声过大,说明车门或车窗密封条变质损坏,或车门变形密封不严,尤其是整形后的事故车。

(9)检查驻车制动。

选一坡路,将车停在坡中,拉紧驻车制动器操纵杆,观察汽车是否停稳,有无滑溜现象。通常驻车制动力不应小于整车质量的 20%。

3. 自动变速器的路试检查

1)自动变速器路试前的准备工作

在道路试验之前,应先让汽车以中低速行驶 5~10min,让发动机和自动变速器都达到正常工作温度。

2)检查自动变速器升挡

将操纵手柄拨至前进挡位(D),踩下加速踏板,使节气门保持在 1/2 开度左右,让汽车起步加速,检查自动变速器的升挡情况。自动变速器在升挡时发动机会有瞬时的转速下降,同时车身有轻微的闯动感。正常情况下,随着车速的升高,试车者应能感觉到自动变速器能顺利地由 1 挡升入 2 挡,随后再由 2 挡升入 3 挡,最后升入超速挡。若自动变速器不能升入高挡(3 挡或超速挡),说明控制系统或换挡执行元件有故障。

3)检查自动变速器升挡车速

将操纵手柄拨至前进挡位(D),踩下加速踏板,并使节气门保持在某一固定开度,让汽车加速。当察觉到自动变速器升挡时,记下升挡车速。一般 4 挡自动变速器在节气门开度保持在 1/2 时由 1 挡升至 2 挡的升挡车速为 25~35km/h,由 2 挡升至 3 挡的升挡车速为 55~70km/h,由 3 挡升至 4 挡(超速挡)的升挡车速为 90~120km/h。由于升挡车速与节气门开度有很大的关系,即节气门开度不同时,升挡车速也不同,而且不同车型的自动变速器各挡位传动比的大小都不相同,其升挡车速也不完全一样,因此,只要升挡车速基本保持在上述范围内,而且汽车行驶中加速良好,无明显的换挡冲击,都可认为其升挡车速基本正常。若汽车行驶中加速无力,升挡车速明显低于上述范围,说明升挡车速过低(即过早升挡);若汽车行驶中有明显的换挡冲击,升挡车速明显高于上述范围,说明升挡车速过高(即太迟升挡)。

由于降挡时刻在行驶中不易察觉,因此在道路试验中一般无法检查自动变速器的降挡车速,只能通过检查升挡车速来判断自动变速器有无故障。如有必要,还可检查其他模式下或操纵手柄位于前进低挡位时的换挡车速,并与标准值进行比较,作为判断故障的参考依据。升挡车速太低一般是控制系统故障所致;换挡车速太高则可能是控制系统的故障所致,也可能是换挡执行元件的故障所致。

4)检查自动变速器升挡时发动机转速

有发动机转速表的汽车在作自动变速器道路试验时,应注意观察汽车行驶中发动机转速变化的情况。它是判断自动变速器工作是否正常的重要依据之一。在正常情况下,若自动变速器处于经济模式或普通模式,节气门保持在低于 1/2 开度范围内,则在汽车由起步加速直至升入高速挡的整个行驶过程中,发动机转速都低于 3000r/min。通常在加速至即将升挡时发动机转速可达到 2500~3000r/min,在刚刚升挡后的短时间内发动机转速下降至 2000r/min 左右,如果在整个行驶过程中发动机转速始终过低,加速至升挡时仍低于 2000r/min,说明升挡时间过早或发动机动力不足;如果在行驶过程中发动机转速始终偏高,升挡前后的转速为 2500~3500r/min,而且换挡冲击明显,说明升挡时间过迟;如果在行驶过程中发动机转速过高,经常高于 3000r/min,在加速时达到 4000~5000r/min,甚至更高,则说明自动变速器的换挡执行元件(离合器或制动器)打滑,需要拆修自动变速器。

　　5)检查自动变速器换挡质量

　　换挡质量的检查内容主要是检查有无换挡冲击。正常的自动变速器只能有不太明显的换挡冲击,特别是电子控制自动变速器的换挡冲击十分微弱。若换挡冲击太大,说明自动变速器的控制系统或换挡执行元件有故障,其原因可能是油路油压过高或换挡执行元件打滑。自动变速器有故障需要维修。

　　6)检查自动变速器的锁止离合器工作状况

　　自动变速器的变矩器中的锁止离合器工作是否正常也可以采用道路试验的方法进行检查。试验中,让汽车加速至超速挡,以高于 80km/h 的车速行驶,并让节气门开度保持在低于 1/2 的位置,使变矩器进入锁止状态。此时,快速将加速踏板踩下至 2/3 开度,同时检查发动机转速的变化情况。若发动机转速没有太大变化,说明锁止离合器处于接合状态;反之,若发动机转速升高很多,则表明锁止离合器没有接合,其原因通常是锁止控制系统有故障。

　　7)检查发动机制动功能

　　检查自动变速器有无发动机制动作用时,应将操纵手柄拨至低挡位(S、L 或 2、1),在汽车以 2 挡或 1 挡行驶时,突然松开加速踏板,检查是否有发动机制动作用。若松开加速踏板后车速立即随之下降,说明有发动机制动作用;否则,说明控制系统或前进强制离合器有故障。

　　8)检查自动变速器强制降挡功能

　　检查自动变速器强制降挡功能时,应将操纵手柄拨至前进挡位(D),保持节气门开度为 1/3 左右,在以 2 挡、3 挡或超速挡行驶时突然将加速踏板完全踩到底,检查自动变速器是否被强制降低一个挡位。在强制降挡时,发动机转速会突然上升至 4000r/min 左右,并随着加速升挡,转速逐渐下降。若踩下加速踏板后没有出现强制降挡,说明强制降挡功能失效。若在强制降挡时发动机转速上升过高,达 5000~6000r/min,并在升挡时出现换挡冲击,则说明换挡执行元件打滑,自动变速器需要拆修。

　　4. 路试后的检查

　　路试后的检查见表 3-47。

　　1)检查各部件温度

　　(1)检查油、冷却液温度。检查冷却液温度,机油、齿轮油温度(正常冷却液温度不应超过 90℃,机油温度不应高于 90℃,齿轮油温不应高于 85℃)。

单元 3　二手车鉴定及价值评估

路 试 后 的 检 查　　　　　　　　　　　　　表 3-47

项目名称	路 试 后 检 查
实际意义	车辆路试后，车辆从动的状态进入静的状态。一些本身存在隐性问题的部分就会在这时出现问题。所以，路试后的检查是必须进行的。它既是路试检查的收尾工作，也是整个技术状况鉴定的小结
实施方式	观察法检查，检查项目及要求： （1）冷却液温度：尤其在冬季，原地无负荷工况检查不易使冷却液温度上升，但路试就会使冷却液温度迅速上升。这时，冷却系统是否正常工作，就会体现出来。路试后，一定要观察冷却液温度表读数，正常的冷却液温度为 80~90℃。如对冷却液温度表有疑问，还应该检查散热器。另一方面，机油温度也是路试后需要注意的一点，正常情况下，机油的工作温度应该在 95℃。但实际工作中，比较难以测量。个别运动轿车或跑车，配备机油温度及压力显示表。 （2）底盘渗漏情况：路试后，很多部件热胀现象明显，部件原本渗漏的地方又要恢复渗漏现象。此时一定要检查底盘各主要部件的渗漏现象。包括漏油、漏水。理论上检查漏油的情况，应在汽车连续行驶距离不少于 10km，停车 5min 后观察

（2）检查运动机件过热情况。查看制动鼓、轮毂、变速器壳、传动轴、中间轴轴承、驱动桥壳（特别是减速器壳）等，不应有过热现象。

2）检查"四漏"现象

（1）在发动机运转及停车时散热器、水泵、汽缸、汽缸盖、暖风装置及所有连接部位均无明显渗漏水现象。

（2）机动车连续行驶距离不小于 10km，停车 5min 后观察不得有明显渗漏油现象。检查机油、变速器油、主减速器油、转向液压油、制动液、离合器油、液压悬架油等相关处有无泄漏。

（3）检查汽车的进气系统、排气系统有无漏气现象。

（4）检查发动机点火系统有无漏电现象。

三、车身路试检查评估项目及标准

路试检查共设 12 项（其中，"其他"不计入检查项目），每个项目设有 A 和 C 两个选项，选择 A 均不扣分，选择 C 扣 0.5 分或 3 分不等。路试检查共计分数 15 分，扣完为止，若扣分总和大于 15 分，则得分以 0 计。路试检查项目与扣分标准见表 3-48。

路试检查项目与扣分标准　　　　　　　　　　　　表 3-48

序号	检 查 项 目	选择项与扣分标准				扣分	得分
		A 项	扣分标准	C 项	扣分标准		
1	发动机动力输出是否正常	是	0	否	1.5		
2	用力踩下制动踏板，保持 5~10s，踏板不能有向下移动的现象	无向下移动的现象	0	有向下移动的现象	0.5		

续上表

序号	检查项目	选择项与扣分标准				扣分	得分
		A项	扣分标准	C项	扣分标准		
3	行车制动系统最大制动效能在踏板全行程的4/5以内到达	起到完全制动效果	0	不能起到完全制动效果	1		
4	在车速不大于60km/h、轮胎和气压符合条件、道路平直条件下放松转向盘向前行驶200km	行驶轨迹偏差不超过2m	0	行驶轨迹偏差超过2m	1		
5	机动车在平坦、硬实、干燥和清洁的混凝土或沥青路面(路面附着系数为0.7),以30km/h的车速,紧急制动,制动距离不应当大于6m	不大于6m	0	大于6m	3		
6	在干燥公路上,以60km/h的车速点制动,车辆应当不跑偏	车辆不跑偏	0	车辆跑偏	3		
7	直线行驶,变速器是否有异响	无异响	0	有异响	1		
8	手动变速器换挡过程中挡位是否清晰或有异响,自动变速器换挡过程是否有严重冲击感	工作正常	0	工作异常	1.5		
9	路试结束后,排气管的试纸是否变黑	正常	0	变黑	0.5		
10	行驶过程中车辆底盘部位是否有异响	无异响	0	有异响	1.5		
11	行驶过程中车辆转向部位是否有异响	无异响	0	有异响	0.5		
12	其他(若有,仅进行缺陷描述,不扣分)		0		0		
总计							

学习任务6 底盘检查

任务描述

客户张斌有一辆雪佛兰科鲁兹轿车,手动低配,2009年10月8日购买,现在想卖掉。根据客户张斌先生描述,这辆车张斌先生除了用于上下班代步使用外,平时节假日常自驾到乡下郊游,常走颠簸不平的山路,目前车辆行驶里程为124792km。二手车评估员王笑笑了解情况后,开始对张斌先生的车辆进行底盘检查。

建议学时:6学时

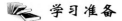学习准备

一、知识准备

(1)底盘检查的项目与检测方法(查阅本学习任务的学习参考资料)。

(2)使用底盘检查项目与扣分标准准确判断车辆的级别。

(3)找出任务描述中的关键词,通过查阅学习参考资料,对应整理出完成该任务所需要的检查项目和检测方法(表3-49)。

检查项目及检测方法　　　　　　　　　　　表3-49

检查项目		检测方法
底盘检查		

二、工作场所

实训车间。

三、工作器材

车辆、举升机、车辆底盘检查表。

计划与实施

(1) 叙述车辆举升机的使用方法和注意事项。

(2) 在教师的引导下分组,以小组为单位学习相关知识,并完成以下学习任务。

① 根据张斌先生的用车情况,底盘检查时应重点检查的项目有哪些?

② 怎么判断车辆底盘下泄漏的水是空调水还是冷却液,请列出依据。

③ 完成本工作任务需要扮演哪些角色?这些角色的分工如何安排?请小组讨论后组长填写任务分工表(表3-50)。

任务分工表 表3-50

姓　名	角色名称	工作内容	所需工具

④ 小组学习,查阅工作页,根据路试检查项目表进行底盘检查操作并准确描述检查结果(表3-51)。

检查项目及检查结果 表3-51

检　查　项　目		检查结果	结果分析
底盘检查	检查泄漏		
	排气系统		
	前后悬架		
	转向机构		
	传动轴		
	轮胎		

(3) 整理出汽车底盘检查项目的检测操作要领。

(4) 小组按照检测操作要领演练任务,并进行角色轮换。

(5) 根据实际车辆检查情况,对被检查车辆的技术状况作出准确判断,并完成表3-52和表3-53。

二手车技术状况表　　　　　　　　　　　　　　　　　　　　　　表 3-52

车辆基本信息	厂牌型号			牌照号码		
	发动机号			VIN 码		
	初次登记日期	年　月　日		表征里程		万 km
	品牌名称	□国产　□进口		车身颜色		
	年检证明	□有（至　年　月）□无		购置税证书	□有　□无	
	车船税证明	□有（至　年　月）□无		交强险	□有（至＿＿年＿＿月）□无	
	使用性质	□营运用车　□出租车　□公务用车　□家庭用车　□其他				
	其他法定凭证、证明	□机动车号牌　□机动车行驶证　□机动车登记证书　□第三者强制保险单　□其他				
	车主名称/姓名			企业法人证书代码/身份证号码		
重要配置	燃料标号		排量		缸数	
	发动机功率		排放标准		变速器形式	
	气囊		驱动方式		ABS	□有　□无
	其他重要配置					
是否为事故车	□是　□否	损伤位置及损伤状况				
鉴定结果	分值			技术状况等级		
车辆技术状况鉴定缺陷描述	鉴定科目	鉴定结果（得分）		缺陷描述		
	车身检查					
	发动机检查					
	车内检查					
	起动检查					
	路试检查					
	底盘检查					

二手车鉴定评估师：＿＿＿＿＿＿＿＿　　　鉴定单位：（盖章）＿＿＿＿
　　　　　　　　　　　　　　　　　　　　鉴定日期：＿＿＿＿年＿＿＿＿月＿＿＿＿日

二手车鉴定评估报告　　　　　　　　　　　　　　　表 3-53

×××鉴定评估机构评报字(20　　年)第××号

一、绪言
_____(鉴定评估机构)接受_____的委托,根据国家有关评估及《二手车流通管理办法》和《二手车鉴定评估技术规范》的规定,本着客观、独立、公正、科学的原则,按照公认的评估方法,对牌号为_____的车辆进行了鉴定。本机构鉴定评估人员按照必要的程序,对委托鉴定评估的车辆进行了实地查勘与市场调查,并对其在_____年_____月_____日所表现的市场价值作出了公允反映。现将该车辆鉴定评估结果报告如下:

二、委托方信息
委托方:_____　　委托方联系人:_____
联系电话:_____　　车主姓名/名称:(填写机动车登记证书所示的名称)

三、鉴定评估基准日_____年_____月_____日

四、鉴定评估车辆信息
厂牌型号:_____　　牌照号码:_____
发动机号:_____　　车辆 VIN 码:_____
车身颜色:_____　　表征里程:_____　　初次登记日期:_____
年检检验合格至:_____年_____月　　交强险截止日期:_____年_____月
车船税截止日期:_____年_____月
是否查封、抵押车辆:□是 □否　　车辆购置税(费)证:□有 □无
机动车登记证书:　　□有 □无　　机动车行驶证:　　□有 □无
未接受处理的交通违法记录:□有 □无
使用性质:□公务用车 □家庭用车 □营运用车 □出租车 □其他:_____

五、技术鉴定结果
技术状况缺陷描述:_____
_____
重要配置及参数信息:_____
技术状况鉴定等级:_____　　等级描述:_____

六、价值评估
价值估算方法:□现行市价法 □重置成本法 □其他_____
价值估算结果:车辆鉴定评估价值为人民币_____元,金额大写:_____

七、特别事项说明[1]

八、鉴定评估报告法律效力
本鉴定评估结果可以作为作价参考依据。本项鉴定评估结论有效期为 90 天,自鉴定评估基准日至_____年_____月_____日止。

九、声明
(1)本鉴定评估机构对该鉴定评估报告承担法律责任;
(2)本报告所提供的车辆评估价值为评估基准日的价值;

续上表

(3)该鉴定评估报告的使用权归委托方所有,其鉴定评估结论仅供委托方为本项目鉴定评估目的使用和送交二手车鉴定评估主管机关审查使用,不适用于其他目的,否则本鉴定评估机构不承担相应法律责任;因使用本报告不当而产生的任何后果与签署本报告书的鉴定评估人员无关;

(4)本鉴定评估机构承诺,未经委托方许可,不将本报告的内容向他人提供或公开,否则本鉴定评估机构将承担相应法律责任。

附件:
一、二手车鉴定评估委托书。
二、二手车技术状况鉴定作业表。
三、车辆行驶证、机动车登记证书证复印件。
四、被鉴定评估二手车照片(要求外观清晰,车辆牌照能够辨认)。

二手车鉴定评估师(签字、盖章)　　　　　　　　复核人[2](签字、盖章)

年　　月　　日(二手车鉴定评估机构盖章)　　　　　年　　月　　日

[1]特别事项是指在已确定鉴定评估结果的前提下,鉴定评估人员认为需要说明在鉴定过程中已发现可能影响鉴定评估结论,但非鉴定评估人员执业水平和能力所能鉴定评定估算的有关事项以及其他问题。

[2]复核人是指具有高级二手车鉴定评估师资格的人员。

备注:(1)本报告书和作业表一式三份,委托方二份,受托方一份。
　　　(2)鉴定评估基准日即为《二手车鉴定评估委托书》签订的日期。

评价与反馈

一、学习效果评价

1. 知识考核(选择题)

(1)汽车行驶系统中,最容易磨损的总成部件是(　　)。
　　A. 车架　　　　　B. 悬架　　　　　C. 轮胎　　　　　D. 车桥

(2)轿车通常采用(　　)悬架。
　　A. 独立　　　　　B. 非独立　　　　C. 平衡　　　　　D. 非平衡

(3)铝合金车轮最主要的优点是(　　)。
　　A. 散热性好　　　B. 价格低　　　　C. 美观　　　　　D. 质量轻

(4)汽油机正常工作时排出的气体颜色为(　　)。
　　A. 灰色　　　　　B. 无色　　　　　C. 蓝色　　　　　D. 黑色

(5)按规定量加好机油,经过使用后,机油油面增高,这说明(　　)。
　　A. 汽油混入曲轴箱　　　　　　　　B. 水混入曲轴箱
　　C. 油底壳沙砾金属沫沉淀太多　　　D. 曲轴箱通风不够,压力太大

(6)汽油机排气颜色为黑色,说明(　　)。

　　A.冷却液温度过低

　　B.有机油窜入汽缸燃烧室内参与燃烧

　　C.混合气过浓或是点火时刻过迟,造成燃烧不完全

　　D.以上都正确

(7)汽油机排气颜色为蓝色,说明(　　)。

　　A.混合气过浓或是点火时刻过迟,造成燃烧不完全

　　B.有机油窜入汽缸燃烧室内参与燃烧

　　C.冷却液温度过低

　　D.以上都不正确

(8)对公路车辆的外廓尺寸的界限,根据我国国家标准GB 1589—2004规定:汽车总宽度(不包括后视镜)不大于(　　)。

　　A.2.5m　　　　B.3.5m　　　　C.2m　　　　D.3m

(9)某车辆使用的轮胎型号为185/60R14,其中"14"是指(　　)。

　　A.轮辋直径　　B.轮胎温度　　C.胎宽　　　D.轮胎速度

2.技能考核

学生实践记录表见表3-54。

学生实践记录表　　　　　　　　　　　　　　　　　表3-54

班级		车型及年款	
姓名		车辆识别码	
学号		里程数	
实践项目		实践设备		维修工单号	
实践流程	
结果分析	
防范措施	
自我评价	良好□　　合格□　　不合格□
教师评价	良好□　　合格□　　不合格□ 教师姓名:　　　　　　　　　　　年　月　日

二、学习过程评价

在完成本单元所有学习任务后,通过小组会的形式进行总结和思考(表3-55)。

学习过程评价反馈表　　　　　　　　　　　　　　　　　表3-55

序号	评价项目	学习任务的完成情况	签　名
1	工作页的填写情况		
2	独立完成的任务		
3	小组合作完成的任务		
4	教师指导下完成的任务		
5	是否达到了学习目标,特别是能否独立做车辆底盘检查,操作步骤是否完整		
6	存在的问题及建议		

学习参考资料

一、二手车底盘检查实施意义与实施方法(表3-56)

二手车底盘检查的实施意义与实施方法　　　　　　　　　表3-56

项目名称	底　盘　检　查
实施意义	二手车评估过程中,底盘的好坏直接影响二手车的评估价格。从车辆底盘上,我们可以看出车辆在使用过程中不易察觉的痕迹。只要是事故车,仔细检测底盘便能找出痕迹,利于作出准确的评估
实施方法	检测车辆底盘,分为静态检测和动态检测。 在静态观察时,首先要检查车辆大梁有无二次焊接或开裂、弯曲的痕迹。如果车辆发生较严重的事故,车架会出现开裂或者弯曲现象,如果进行维修就会出现修复的痕迹。即使是修复效果很好,但是由于在修复的过程中多采用局部修复的方法,所以很容易可以从老化程度上分辨出与车辆出厂时的不同之处。其次,要检查车辆各处有无漏油现象,可以检查发动机、变速器、制动系统、减振器、排气管等部位。 除静态观察外,也要进行试车——动态底盘监测。试车时要从车辆驾驶的平顺性、操控性等方面作出判断。比如,车辆是否跑偏、悬挂有无异响、转向盘的反应情况等。由此可以评价出车辆的实际使用情况以及事故情况

二、二手车底盘检查要点及相关知识

1. 检查要点

检查要点见表3-57。

二手车底盘检查要点　　　　　　　　　　　　　　　　表 3-57

项目编号	项目名称	项目解释
1	检查泄漏	检查汽车泄漏源主要在车底,从车底下可以检查出的泄漏有冷却液泄漏、机油泄漏、制动液泄漏、变速器油泄漏、转向助力油泄漏、主减速器油泄漏、电控悬架油泄漏、减振器油泄漏、排气泄漏等
2	检查排气系统	要检查排气系统的紧固程度,这是汽车"安静"行驶的重要保证。检查是否有泄漏迹象,这需要在起动发动机后仔细听排气系统是否地方发出"嘶嘶"的声音,也可以通过变换发动机转速来倾听泄漏声响。要检查消声器和三元催化器的接缝处,这些地方有出现泄漏的可能。还要检查排气管吊架和支座是否有损坏
3	检查前后悬架	检查减振弹簧;检查减振器,观察四个减振器是否有漏油现象;检查稳定杆,稳定杆主要用于前轮,有时也用于后轮,两端固定于悬架控制臂上
4	检查转向机构	检查转向盘与转向轴的连接部位是否松旷;检查转向节与主销之间是否配合过紧或缺润滑油;检查转向轴是否弯曲,其套管是否凹瘪;对于动力转向系统,还应该检查动力转向泵驱动带是否松动
5	检查传动轴	对于后轮驱动的汽车,检查传动轴、中间轴及万向节等处有无裂纹和松动;传动轴是否弯曲,传动轴轴管是否凹陷;万向节轴承是否因磨损而松旷,万向节凸缘盘连接螺栓是否松动
6	检查轮胎	检查车轮轮毂轴承是否松旷;检查轮胎磨损情况;检查轮胎花纹磨损深度

2. 相关知识

1) 检查泄漏

检查汽车泄漏源主要在车底,从车底下可以检查出的泄漏有冷却液泄漏、机油泄漏、制动液泄漏、变速器油泄漏、转向助力油泄漏、主减速器油泄漏、电控悬架油泄漏、减振器油泄漏、排气泄漏等。

(1) 检查冷却液泄漏。冷却液呈绿色(防冻剂的颜色)并有一点甜味,它的泄漏从上部最容易发现,但是如果在离合器壳或发动机舱壁周围区域发现冷却液污迹,则可能是暖风器芯或软管泄漏冷却液,液滴也可能只出现在汽车下侧。但值得注意的是,千万别把车辆空调的滴水与冷却液泄漏混合在一起,因为空调水是蒸汽凝结成的,无色无味。

(2) 检查机油泄漏。正常情况下,车辆行程超过了 80000km,在油底壳和油底壳放油螺栓处会有少量的污迹,但对于泄漏持续时间较长的,行车气流抽吸型通风装置和发动机风扇将把油滴抛到发动机、变速器或发动机舱壁下部区域各处,因此严重的泄漏不难发现,除非汽车的下侧最近用蒸汽清洁过,但大多数二手车买主都不会像这里描述的那样费力进行彻底检查,所以经销商也不会付额外的费用用蒸汽清洁底盘。他们通常只清洁打开发动机罩时能看到的地方。

(3) 检查动力转向油泄漏。动力转向液泄漏的污渍主要集中出现在动力转向泵或转向器(或齿条齿轮)本体附近。

(4) 检查变速器油泄漏,对于自动变速器,一般有自动变速器冷却装置,其管道较长,容易出现泄漏。其检查方法如下:

在冷却管路连接到散热器底部的地方察看是否有变速器液泄漏,沿着冷却管路本身和变速器油盘和变速器后油封周围的区域察看。返回变速器的金属冷却管应成对布置,有几个金属夹子沿着管路将它们固定。管路不应该悬下来。还应该检查是否有人在某些地方不切断金属管而用螺钉夹安装橡胶软管作为修理。只有几种具有足够强度和足够耐油耐热的橡胶软管才可以用作变速器。像燃油软管那样的常规软管,在这种应用中,短期使用后可能失效,会引起变速器故障。

(5) 检查制动液泄漏。检查前后制动器、制动钳、鼓式制动器后板和轮胎上是否有制动液的痕迹,同时也要循着制动钢管,寻找管路中是否有扭结或凹陷,或是否有泄漏的痕迹。

(6) 检查排气泄漏。排放系统是否紧固非常重要,因为如果排气系统泄漏,一氧化碳流入汽车内部,让驾驶员吸到,是有致命危险的,同时它还影响到车辆行驶的舒适性。如果汽车排气系统发生泄漏,在汽车起动时,在排气系统的区域会有明显的泄漏声;如果没有听见泄漏声,可以让驾驶员稍微变化发动机的转速,汽车评估员可蹲下仔细倾听是否有"嘶嘶"声或"隆隆"声(发动机运转时,即使汽车可靠地顶在千斤顶上,也切勿钻进汽车底下)。关掉汽车并滑行,进一步留神汽车下侧,如果是来自排气管、催化转化器或消声器上的针孔、裂缝或孔洞的泄漏,排气泄漏通常呈现为白色、浅灰或者黑色条纹。同时需要特别注意观察消声器和转化器接缝,以及两个管或排气零件的接合处。有排气垫的地方,就有排气泄漏的可能性。

如果在浅色排气管上,发现有棕色或者黑色的污渍,有可能是焊接不当的排气管连接处发生泄漏,而连接处小孔周围的污渍说明排气管曾经更换过。如果装有橡胶环形圈,检查橡胶环形圈排气管吊架的情况。检查排气管支座是否损坏,支座损坏容易引起排气系统泄漏或产生噪声。

2) 检查排气系统

观察排气系统上所有吊架,它们是否都在原来位置并且是否像原装部件。大多数现代式汽车具有带耐热橡胶环形圈的排气管支撑,它连接车架支架与排气管支架。当这些装置在消声器商店更换为通用金属带时,排放系统将承受更大的应力并使更多的噪声、热量和振动传递到汽车上。

检查排放系统零件看上去是否标准,排气尾管是否曾更换,且要确保它们远离制动钢管。在后轮驱动的汽车上,排气尾管越过后端部,要确保紧靠后桥壳外表的制动钢管没有因为与排放系统上的凸起相遇而压扁。

3) 检查前、后悬架

(1) 检查减振弹簧。汽车减振弹簧主要有钢板弹簧和螺旋弹簧两种。对于钢板弹簧，应检查车辆钢板弹簧是否有裂纹、断片和碎片现象；两侧钢板弹簧的厚度、长度、片数、弧度、新旧程度是否相同；钢板弹簧U形螺栓和中心螺栓是否松动；钢板弹簧销与衬套的配合是否松旷。对于螺旋弹簧，应检查有无裂纹、折断或疲劳失效等现象。螺旋弹簧上、下支座有无变形损坏。

(2) 检查减振器。观察四个减振器是否有漏油现象，如果有漏油，说明减振器已失效，需要更换。而更换减振器需要全部更换，而不是只更换一个，所以成本较高。观察前、后减振器的生产厂家是否一致。减振器上下连接处有无松动、磨损等现象。

(3) 检查稳定杆。稳定杆主要用于前轮，有时也用于后轮，两端固定于悬架控制臂上。其功用是保持汽车转弯时车身平衡，防止汽车侧倾。检查稳定杆有无裂纹，与车身连接处的橡胶衬有无损坏，与左、右悬架控制臂的连接处有无松旷现象。

4) 检查转向机构

汽车转向机构性能的好坏对汽车行驶稳定性有很大影响，因此，应仔细检查转向系统，尤其是转向传动机构。检查转向系统除了检查转向盘自由行程之外，还应仔细检查以下项目。

(1) 检查转向盘与转向轴的连接部位是否松旷；转向器垂臂轴与垂臂连接部位是否松旷；纵、横拉杆球头连接部位是否松旷；纵、横拉杆臂与转向节的连接部位是否松旷；转向节与主销之间是否松旷。

(2) 检查转向节与主销之间是否配合过紧或缺润滑油；纵、横拉杆球头连接部位是否调整过紧或缺润滑油；转向器是否无润滑油或缺润滑油。

(3) 检查转向轴是否弯曲，其套管是否凹瘪。

(4) 对于动力转向系统，还应该检查动力转向泵驱动带是否松动；转向油泵安装螺栓是否松动；动力转向系统油管及管接头处是否存在损伤或松动等。

5) 检查传动轴

对于后轮驱动的汽车，检查传动轴、中间轴及万向节等处有无裂纹和松动；传动轴是否弯曲、传动轴轴管是否凹陷；万向节轴承是否因磨损而松旷，万向节凸缘盘连接螺栓是否松动等（图3-47）。

对于前轮驱动的汽车，要密切注意等速万向节上的橡胶套。绝大多数汽车在汽车的每一侧（左驱动桥和右驱动桥）具有内、外万向节，每一个万向节都是由橡胶套罩住的。它里面填满润滑脂，橡胶套保护万向节避免污物、锈蚀和潮气。更换万向节很费钱。用手弯曲或挤压橡胶套，查找是否有裂纹或擦伤（图3-48）。一个里面已经没有润滑脂且有划痕的等速万向节橡胶套是一个信号，说明万向节由于污物和潮气的侵蚀需要立即更换。

6) 检查车轮

(1) 检查车轮轮毂轴承是否松旷。用举升机举起车轮，或用千斤顶支起车轮，用手晃动车轮，感觉有旷动，说明车轴轮毂轴承松旷，车轴轴承磨损严重，需要更换车轮轴承，换车轮轴承的费用较高。

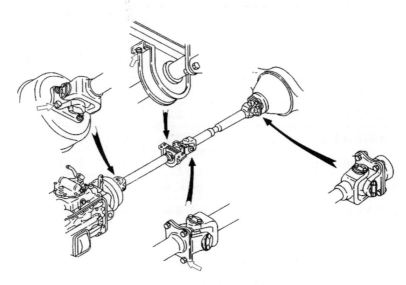

图 3-47 传动轴检查的主要部位

（2）检查轮胎磨损情况。在初步检查时，是从汽车的外侧检查轮胎，而现在检查轮胎的内侧。检查轮胎内侧是否进行修理过、是否有割痕或磨损、是否有严重的风雨侵蚀。后轮胎内侧胎面过度磨损是很难从外侧发现的，除非将汽车顶起来。通常，后轮胎上内侧胎面磨损暗示着已将汽车前轮胎更换到后轮胎位置，或通过在后面不大能看到来掩饰它们的磨损方式。

（3）检查轮胎花纹磨损深度。轿车轮胎胎冠上的花纹深度不得小于 1.6mm；其他车辆转向轮的胎冠花纹深度不得小于 3.2mm，其余轮胎胎冠花纹深度不得小于 1.6mm。

有的轮胎设有胎面磨耗（打滑）标记（图 3-49），当磨损量超过正常限度时，磨损标记就会显露出来。若标记已显露出来，则表明轮胎已磨损到极限状态，应更换。

图 3-48 用手弯曲、挤压等速万向节球笼的橡胶防尘套

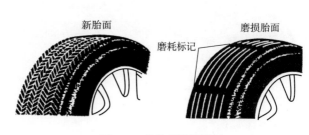

图 3-49 轮胎的磨损标记

三、车辆底盘检查评估要点及标准

底盘检查共设 8 项（其中，"其他"不计入检查项目），每个项目设有 A 和 C 两个选项，选择 A 均不扣分，选择 C 扣 0.5 分或 4 分不等。底盘检查共计分数 20 分，扣完为止，若扣分总和大于 20 分，则得分以 0 计。底盘检查项目与扣分标准见表 3-58。

底盘检查项目与扣分标准   表 3-58

序号	检 查 项 目	选择项与扣分标准				扣分	得分
		A 项	扣分标准	C 项	扣分标准		
1	发动机油底壳是否渗漏	无渗漏	0	有渗漏	4		
2	减振器是否渗漏	无渗漏	0	有渗漏	2		
3	变速器箱体是否渗漏	无渗漏	0	有渗漏	4		
4	转向节球臂球销是否松动	不松动	0	松动	3		
5	三角臂球销是否松动	不松动	0	松动	3		
6	传动十字轴是否松动破损	无破损	0	破损	2		
7	减振弹簧是否损坏	无破损	0	损坏	2		
8	其他(若有,仅进行缺陷描述,不扣分)		0		0		
	总　　计						

单元4　二手车销售与评估咨询

学习目标

⭐ **知识目标**

1. 掌握业务咨询过程中文明用语的使用原则。
2. 掌握业务咨询过程中礼仪规范。

⭐ **技能目标**

1. 能使用规范用语引导客户回答车辆信息。
2. 与客户愉快交流,车辆信息咨询无遗漏项。
3. 能在电话咨询业务中,做到笔录快、信息齐全。

　　二手车销售与评估咨询是客户交易前的必修课。经过咨询,客户明确了交易的过程、交易的手续、车辆价格评估结果等信息后,交易决策才能达成,所以对客户开展二手车销售与评估咨询是基于评估员全面掌握二手车交易的业务知识以及熟悉国家、行业的二手车交易政策的基础上进行完成的。咨询的途径主要有当面洽谈和电话咨询两种,评估员适当地运用礼仪,能反映个人修养,更能凸显企业形象,对提高客户满意率和业务达成具有促进作用。

学习任务　二手车销售与评估咨询

任务描述

　　某日,金伟达二手车交易公司的评估员小张接到客户来电咨询,经过电话沟通,小张获知该客户拟出售一辆家用轿车,希望获得该车辆的评估价格、二手车交易的过程及所需的证件。客户的车辆为科鲁兹2010款1.6L MT版,购买价格为13.85万元,2010年11月在4S店购买的新车,行驶里程为5.6万km。为了进一步了解车辆状况,小张邀请客户次日驾车来公司评估价格,并带上车辆行驶证、保险证明、保修卡等资料。次日,客户如约来公司,小张接待了客户。

建议学时:8学时

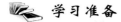
学习准备

一、知识准备

(1)业务咨询中,评估员要获得客户本人哪些基本情况?(查阅本学习任务的学习参考资料)。

(2)评估车辆的信息包括哪些?(查阅本学习任务的学习参考资料)。

(3)以上评估信息你是通过什么服务用语或专业术语来提问的(表4-1)。

评估车辆信息及使用的服务用语　　　　表4-1

评估车辆信息	使用的服务用语或专业术语

(4)任务中小张成功邀请到客户次日驾车来公司评估车辆价格,需要向客户明确哪些信息,以便客户能按时来公司?

二、工作场所

一体化教室。

三、工作器材

车辆,电话,记录本,笔。

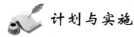
计划与实施

(1)现场确认工具准备情况。

(2)在教师的引导下分组,以小组为单位学习任务参考书,并回答下列问题。

①小组成员的仪容仪表是否符合二手车评估员的礼仪要求,如不符合,请整改。

②接听客户来电业务咨询的步骤是什么?需要获得什么信息?

③客户到店咨询,如何在寒暄中开始客户需要挖掘和车辆信息登记工作?

④请分别为以上第2和第3点任务制订计划。

接听电话业务咨询计划表见表4-2,店内接待业务咨询计划表见表4-3。

接听电话业务咨询计划表　　　　　　　　　　表 4-2

实现的目的	需要什么工具	运用什么方法	执行人

店内接待业务咨询计划表　　　　　　　　　　表 4-3

实现的目的	需要什么工具	运用什么方法	执行人

⑤小组按照工作计划实施任务,并进行角色轮换。

评价与反馈

一、学习效果评价

1. 知识考核(选择题)

(1)询问评估对象"是汽车,还是拖拉机或其他机动车",这是确定评估对象的(　　)。

　　A. 机动车名称　　B. 使用性质　　C. 技术状况　　D. 选装件情况

(2)询问评估对象"是公务用车、商用车,还是专业运输车或是出租营运车",这是确定评估对象的(　　)。

　　A. 机动车名称　　B. 使用性质　　C. 技术状况　　D. 选装件情况

(3)了解发动机异响、排烟、动力、行驶等情况,这是确定评估对象的(　　)。

A.机动车名称　　B.使用性质　　C.技术状况　　D.选装件情况

(4)询问评估车辆是否加装音响、真皮座椅、内饰等选装件,这是确定评估对象的(　　)。

A.机动车名称　　B.使用性质　　C.技术状况　　D.选装件情况

(5)接打电话时,保持电话机或手机的听筒在下唇下方(　　)处,减少因口鼻与听筒的距离过近产生的呼吸电流声,影响通话质量。

A.1cm　　B.2cm　　C.3cm　　D.4cm

2.技能考核

例如:更换一辆在用的轿车,该车是进行转弯异响故障的维修,学生按照服务接待员车辆维修检验终检步骤及要求进行操作,并填写表4-4。

学生实践记录表　　　　　表4-4

班级		车型及年款	
姓名		车辆识别码	
学号		里程数	
实践项目		实践设备		维修工单号	
实践流程	
结果分析	
防范措施	
自我评价	良好□　　合格□　　不合格□
教师评价	良好□　　合格□　　不合格□ 教师姓名:　　　　　　　　　　　年　月　日

二、学习过程评价

在完成本单元所有学习任务后,通过小组会的形式进行总结和思考(表4-5)。

学习过程评价反馈表　　　　　表4-5

序号	评价项目	学习任务的完成情况	签　名
1	工作页的填写情况		
2	独立完成的任务		

续上表

序号	评 价 项 目	学习任务的完成情况	签 名
3	小组合作完成的任务		
4	教师指导下完成的任务		
5	是否达到了学习目标,特别是能否独立完成电话接待咨询业务的关键点的记录,操作步骤是否完整		
6	存在的问题及建议		

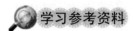
学习参考资料

一、店内业务洽谈

店内业务洽谈是二手车评估的第一项工作,也是一项重要的日常工作,业务洽谈工作的好坏直接影响二手车评估机构的形象和信誉,因此,鉴定评估人员应该重视并做好业务洽谈工作。

与客户进行业务洽谈的主要内容有:车主基本情况、车辆情况、委托评估的意向、时间要求等。通过业务洽谈,应该初步了解下述情况。

1. 车主单位(或个人)的基本情况

车主即机动车所有人,指车辆所有权的单位或个人。在洽谈时,应先了解洽谈的客人是否是车主,是车主则有车辆处置权,否则,无车辆处置权。

2. 评估目的

要明确客户进行二手车评估的目的,如二手车价格评估、二手车置换等,根据评估目的,选择计算标准和评估方法。一般来说,委托二手车交易市场评估的业务大多是交易类业务,车主要求鉴定评估的目的大都是为买卖双方成交提供参考底价。

3. 评估对象及其基本情况

(1)二手车类别:是汽车,还是拖拉机或其他机动车。

(2)机动车名称、型号、生产厂家、燃料种类、出厂日期。

(3)机动车管理机关初次注册登记日期、已使用年限、行驶里程。

(4)机动车来历:是通过正规渠道购买,还是走私罚没处理车或是捐赠免税车。

(5)车籍:车辆牌证发放地。

(6)使用性质:是公务用车、商用车,还是专业运输车或是出租营运车。

(7)各种证件税费等是否齐全,是否年检和按期保险。

(8)事故情况:有无发生过事故,事故的位置、更换的主要部分和总成情况。

(9)现时技术状况:了解发动机异响、排烟、动力、行驶等情况。

(10)有无大修,大修次数、大修部位、故障原因等。

(11)选装件情况:是否加装音响、真皮座椅、内饰等选装件,与基本配置的差异等。

经过洽谈,明确上述基本情况,就应该明确作出是否接受委托的决定。如果不接受委托,应该说明原因,客户对交易中有不清楚的地方,应该耐心地给予解答和指导;如果接受委托,就要签订二手车评估委托书。

二、洽谈礼仪

1. 服务用语规范

语言是人类进行信息交流的符号系统。狭义的语言指由文字的形、音、义构成的人工符号系统。广义的语言包括一切起沟通作用的信息载体,如说话、写字、手势、眼神、体势、表情等。语言驾驭能力高低能充分反映一个人的能力、修养和素质。

2. 着装礼仪

二手车鉴定评估人员在接待与拜访客户时,如果形象端庄、举止得体、语言亲切规范,易于建立良好的合作关系、赢得客户信任、凸显企业形象。要做到言行举止得体,鉴定评估人员必须注意自身仪容、仪表、仪态的管理。

3. 电话交流注意事项

电话可以将必要的信息准确、高效地传给对方。真诚愉快的电话交谈可促进与客户的关系,电话交流的质量是赢得客户信任的重要保证。电话交流的关键点如下。

(1)电话交谈时,姿势应端正,切忌吃东西或嚼口香糖,以免给客户造成心不重视对方的印象。

(2)保持电话机或手机的听筒在下唇下方3cm处,减少因口鼻与听筒的距离过近产生的呼吸电流声,影响通话质量。

(3)在电话机旁放记事本和笔,以便记下通话要点。

(4)请教客户姓名,通话时尽可能多地称呼对方姓名,如"张先生"、"李女士"。

(5)使用礼貌词语,用简短的语言说明问题,如时间、价格、地点等关键内容应重复确认,避免信息有误。

(6)客户来电咨询的内容不在个人的业务范围或是无法解答时,应及时转给相关人员,避免多次转接带来的客户不良印象。

(7)注意通话时的语速,避免因语速过快造成的信息失真。

(8)接电话和打电话的礼仪与步骤见表4-6和表4-7。

接电话的步骤与注意事项 表4-6

步骤	要点	规范用语
提起电话机	(1)电话机旁备好记录本和笔; (2)三声内接听	如铃响时正在接待的客户,则说"对不起,我先接个电话。"

续上表

步　骤	要　点	规　范　用　语
问候,自我介绍	先报公司名称,然后报自己的姓名;告诉对方可以为他提供帮助	(1)您好!这是××公司,我是××。能为您做点什么吗? (2)如不能三声内接听电话,致歉:"您好,让您久等了。"
辨认对方	如对方未报姓名,主动询问	请问怎么称呼您?
仔细听对方讲话	务必要做笔记;不时插入"是的"或"我明白",表示你在倾听	(1)很乐意为您的汽车做鉴定评估,请说车型、年款、初次登记日期…… (2)对,请接着说……
重复对方所述内容	总结笔记中的重点,确认已记下所有重要信息	××先生(小姐),我确认一下,我们定在××时候,您的电话号码是××××,是吗?
再次告诉客户自己的姓名	再次提及自己的姓名,可以加深客户印象,让客户认为这个人会关心他	谢谢您的预约,请记住我叫××,请您来到时找我
挂电话之前向对方致谢	不要在对方挂电话之前先挂电话	谢谢您的来电

打电话的礼仪与步骤　　　　　　　　　　　　　　　　表4-7

步　骤	要　点	常用接听电话用语
打电话之前准备好主题、客户相关资料、电话号码	拟订通话提纲;准备必需的文件;通话时要保持良好的姿势	您好,我是××,是这次负责为您的二手车进行鉴定评估的工作人员
拨号,如有人回答,要向他(她)问好,并作自我介绍	确认没有拨错电话	您好,我叫××,是××公司的二手车鉴定评估人员,请问××先生(小姐)在吗?
辨认答话的人		谢谢您今早惠顾本公司
询问客户能否抽空接听电话		我打电话是要告诉您……我可以耽误您几分钟解释一下吗?
切入主题		我们没有找到您的汽车保险单,请提供给我们,好吗?
确认客户已明白自己的解释	简明扼要	我希望您能理解进行车辆路试检查的必要,您同意对您的车进行路试吗?
重述要点	归纳协议要点	该车的估价为××,交易时间定为××

续上表

步　骤	要　点	常用接听电话用语
再次提及自己的姓名，并感谢客户	再次提及自己的姓名以明确职责	您来时请找我，我叫××，××公司的二手车鉴定评估人员，谢谢您，××先生（小姐）
挂上电话	不要在客户挂断电话之前挂上电话，电话机轻拿轻放	

单元5 二手车价格评估

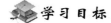
学习目标

⭐ 知识目标

1. 能熟知计算车辆更新重置成本的项目内容。
2. 掌握计算车辆更新重置成本的方法。
3. 辨清二手车实体性贬值、功能性贬值、经济性贬值的逻辑关系。
4. 理解并掌握二手车实体性贬值、功能性贬值、经济性贬值的公式计算。
5. 熟悉勘验车辆信息的内容。
6. 掌握二手车成新率的运算公式。
7. 掌握二手车重置成本的方法。
8. 熟知评估车辆价值的综合分析法。

⭐ 技能目标

1. 能独立列举计算车辆更新重置成本的项目并进行价格计算。
2. 独立计算车辆更新重置成本。
3. 能运用公式计算二手车实体性贬值、功能性贬值、经济性贬值。
4. 独立车辆信息,掌握车辆出厂日期、注册日期等。
5. 独立运用公式运算二手车成新率。
6. 独立计算二手车重置成本。
7. 熟练运用综合分析法评估车辆价值。

我国对二手车评估还没有统一的标准,二手车估价方法主要参照资产评估的方法,主要按照以下五种方法进行:重置成本法、收益现值法、现行市价法、清算价格法、快速折旧法。由于重置成本法比较充分地考虑了车辆的损耗,评估结果更公平合理;对于非营运车辆或难以取得市场参照物条件下的车辆,能更好地开展车辆价值的评估,所以在现实二手车销售市场中被广泛使用。本书重点介绍运用重置成本法计算二手车价值。

学习任务1 重置成本估算法——贬值计算方式

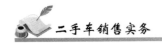

任务描述

挂牌桂AB8907的车辆车主李女士欲出售该车,来店要求做该车的价值评估。经过现场勘验,该车证照齐全有效,手续合法,基本信息如下:该车为北京现代伊兰特1.6GLMT2011款手动天窗版,使用年限为2年,剩余使用年限为13年,百公里油耗为8L,年均维修费用为1万元,所购保险为交强险、第三者责任险(保险额度为10万元)。

建议学时:10学时

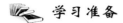

学习准备

一、知识准备

(1)与任务书中车型一致的新车销售价格(运用互联网查阅相关汽车网站报价)。

(2)计算出该车辆购置税、车船使用税、入户上牌费、保险费(查阅书籍或运用互联网进行搜索查询)。

(3)该车应计算重置成本还是更新重置成本?并阐述判断的依据(查阅本学习任务的学习参考资料)。

(4)该车的实体性贬值的运算公式(查阅本学习任务的学习参考资料)。

(5)该车的功能性贬值的估算步骤(查阅本学习任务的学习参考资料)。

(6)该车是否计算经济性贬值,并说明理由(查阅本学习任务的学习参考资料)。

二、工作场所

一体化教室。

三、工作器材

车辆,计算器、有互联网网功能的计算机。

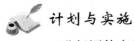

计划与实施

(1)进行评估车辆证件资料、车辆确认工作。

(2)在教师的引导下分组,以小组为单位学习相关知识,并完成表5-1中的任务。

各小组完成的工作内容　　　　　　　　表5-1

步骤	工 作 内 容	信息来源途径
1	查阅互联网获得"北京现代伊兰特1.6GLMT2011款手动天窗版"全新车辆价格为:	网址:

续上表

步骤	工作内容	信息来源途径
2	计算该车购置税为：	计算公式为：
3	计算该车车船使用税为：	依据：
4	计算入户上牌费为：	依据：
5	计算交强险费用：	依据：
6	计算10万元保额的第三者保险的保费为：	计算公式：
7	计算该车更新重置成本费用为：	计算公式：
8	计算该车的实体性贬值	计算公式：
9	计算该车的功能性贬值	计算公式：
10	计算该车的评估价值	计算公式：

①各小组派1人演算计算过程、1人讲解运算思路。
②教师点评各组计算过程及运算结果,明确正确的计算结果。
③各组根据教师给出的正确答案自行修改运算结果,反思运算过程。

评价与反馈

一、学习效果评价

1. 知识考核(1~4题为判断题,5题为填空题)

(1)一般更新重置成本小于复原重置成本。在两者同时都可以采集到的情况下,应优先选用更新重置成本进行评估。（   ）

(2)更新重置成本=直接成本 + 间接成本,其中间接成本是指购置全新的同种车型时直接可以构成车辆成本的支出部分;直接成本是指购置车辆时所花费的不能直接计入购置成本中的那部分成本。（   ）

(3)在实际的评估作业中,间接成本不可忽略不计。（   ）

(4)经济性贬值主要发生在营运车辆尤其是线路车的评估上。当车辆使用基本正常时,应该计算经济性贬值。（   ）

(5)某车重置成本为12.5万元,已使用4年,还有11年试用期,请使用年限法计算该车辆的实体性贬值为_____。

2. 技能考核

例如,一辆轿车进店,请学生运用重置成本法—贬值计算法评估该车价值。车辆基本信息如下:该车为一汽丰田威驰1.6LAT2011款,使用年限为4年,剩余使用年限为11年,百公里油耗为7L,年均维修费用为8000元,所购保险为交强险、第三者责任险(保险额度为20万元)。填写学生实践记录表,见表5-2。

学生实践记录表　　　　　　　　　　　　　　　　　　　　　　　表 5-2

班级		汽车品牌	
姓名		汽车车型	
学号		使用年限	
实践项目		实践设备	
实践流程			
结果分析			
意见与建议			
自我评价	良好□　　合格□　　不合格□		
教师评价	良好□　　合格□　　不合格□ 教师姓名：		年　月　日

二、学习过程评价

在完成本单元所有学习任务后，通过小组会的形式进行总结和思考（表 5-3）。

学习过程评价反馈表　　　　　　　　　　　　　　　　　　　　　　表 5-3

序号	评价项目	学习任务的完成情况	签　名
1	工作页的填写情况		
2	独立完成的任务		
3	小组合作完成的任务		
4	教师指导下完成的任务		
5	是否达到了学习目标，特别是能否独立完成更新重置成本值、实体性贬值、功能性贬值的计算，计算公式使用是否正确，结果是否正确		
6	存在的问题及建议		

学习参考资料

一、重置成本法的概念与评估思路

重置成本法是指在评估一辆二手车时，现时条件下重新购买一辆与被评估车辆完全相同的新车所需的全部成本(即完全重置成本,简称重置全价),减去该被评估车辆的各种贬值后的差额作为被评估车辆现时价格的一种评估方法。

基本计算公式1:

被评估车辆的评估值 = 重置成本 − 实体性贬值 − 功能性贬值 − 经济性贬值

二、重置成本及其估算方法

重置成本有复原成本和更新重置成本之分。

(1)复原重置成本:是指运用与被评估车辆完全相同的材料、制造标准、设计、工艺和技术条件等,以现时的价格复原生产出相同的全新车辆并使其处于在用状态所花费的全部成本。

(2)更新重置成本:是指利用新材料,并根据现代标准、设计、工艺和技术条件等,以现时价格生产具有相同或相似性能(品质)的全新车辆并使车辆处于在用状态所花费的全部成本。

三、重置成本概念中应注意的问题

(1)复原重置成本和更新重置成本相同点在于两者采用的都是现时的价值标准,车辆的性能保持不变。

(2)一般,更新重置成本小于复原重置成本。在两者同时都可以采集到的情况下,应优先选用更新重置成本进行评估。

四、重置成本的估算

1. 重置成本的计算

重置成本的计算公式为:

$$更新重置成本 = 直接成本 + 间接成本$$

直接成本是指购置全新的同种车型时直接可以构成车辆成本的支出部分。它包括现行市场购置价格,加上运输费和办理入户手续时所交纳的各种税费,如车辆购置税、车船使用税、入户上牌费、保险费等。

间接成本是指购置车辆时所花费的不能直接计入购置成本中的那部分成本。如购置车辆发生的管理费、专项贷款发生的利息、洗车费、美容费、停车管理费等。

在实际的评估作业中,间接成本可忽略不计。

2. 直接询价

(1)直接询价法:查询当地新车市场上,被评估车辆处于全新状态下的现行市场售价。

(2)账面成本调整法:对于那些无法从现行市场上寻找到重置成本的车型,如淘汰产品或是进口车辆,也可根据汽车市场的物价变动指数调整得到旧机动车的重置成本。

重置成本 = 账面原始成本 × (车辆鉴定估价日的物价指数/车辆购买日的物价指数)

重置成本＝账面原始成本×(1 + 车辆购买日到鉴定估价日的物价变动指数)

五、实体性贬值概念及其测算

1. 机动车实体性贬值的概念

机动车实体性贬值是由于使用磨损和自然损耗的原因所造成的贬值,也称为有形损耗或有形贬值。它可以通过有形损耗率计划出来。所谓有形损耗率是指有形损耗相对于机动车重置成本的比率。

$$有形损耗 = 1 - 成新率$$

2. 实体性贬值的测算

(1) 观察法:车辆实体性贬值＝重置成本×有形损耗率

(2) 使用年限法:车辆的实体性贬值＝重置成本×(已使用年限÷规定使用年限)

六、功能性贬值及其计算

1. 造成车辆功能性贬值的常见情况

1) 超额投资成本引起的功能性贬值

由于技术进步,如原生产厂家引进了新的自动化的生产线,使得生产同样品质的一个车辆现在所花费的投资成本不能被承认。这部分超额投资成本即为功能性贬值。

在采用更新重置成本计算评估值时,就已经考虑了这种超额投资成本所引起的功能性贬值了。

2) 超额运营成本所引发的功能贬值

由于技术进步的影响,出现了性能更好的新车型,被评估车辆与新车型相比,在获得同样运营收入的情况下,被评估车辆所花费的成本费用更大,既表现为超额运营成本。

由超额运营成本所形成的功能性贬值,计算步骤如下:

(1) 选定参照物车辆,比较两者运营成本的差别的内容及差别的数额。

(2) 确定被评估车辆尚可使用的年限。

(3) 计算年净超额运营成本。

(4) 确定折现率。

(5) 将年净超额运营成本折现,即可得到功能性贬值额。

2. 功能性贬值运算实例

例题:A、B两辆8t载货汽车,重置成本相同,其运营成本差别见表5-4。

A、B汽车运营成本比较　　　　　　　　表5-4

项　　目	A　车	B　车
每百公里油耗(L)	25	22
每年维修费用(万元)	3.5	2.8

求 A 车的功能性贬值。

分析:假定每日运营150km,每年平均出车日为250天,每升油为6元。则A车每年超额油耗费用为:

$$(25-22)/100 \times 6 \times 150 \times 250 = 6750(元)$$

A车每年超额维修费用为:

$$35000 - 28000 = 7000(元)$$

A车年超额运营成本为:

$$6750 + 7000 = 13750(元)$$

企业的所得税率为25%,则税后运营成本为:

$$13750 \times (1 - 25\%) = 10312.5(元)$$

假定折现率为11%,A车还将继续使用5年,则:

A车功能性贬值 $= 10312.5 \times (P/A, 11\%, 5) = 10312.5 \times 3.696 = 38115(元)$

七、经济性贬值的含义

经济性贬值是指由于机动车外部因素引起的车辆价值的贬值。外部因素所导致的经济性贬值最终都表现为机动车的利用率下降、闲置和收益减少。

由于市场竞争加剧、市场变化等因素所造成的在车辆剩余使用寿命内收益的总减少额的现值即为该车辆的经济性贬值。

特别注意,经济性贬值主要发生在营运车辆尤其是线路车的评估上。当车辆使用基本正常时,不计算经济性贬值。

学习任务2 重置成本估算法——成新率计算方式

现有一汽奥迪(5缸)轿车一辆,牌照号为沪C51588,于2005年购入并投入使用,行驶里程为9.9万km,燃料为汽油,现车况良好。2013年3月欲对该车进行转让,已知评估基准日新车市场销售价格为28万元,适用的车辆购置税率为10%,牌照费及其他费用忽略不计,请试计算该车的重置成本和成新率。经过现车勘察,该车常年工作在市区或郊区,工作繁忙,工作条件较好,经外观检查日常维护一般;技术状况较好。试用综合分析法评估该车的价值。

建议学时:10学时

一、知识准备

(1)任务中该车的重置成本应由哪部分费用构成?(查阅本学习任务的学习参考资料)。
(2)新车购置税应该如何计算?(利用互联网查阅计算公式)。

(3)二手车成新率是什么？根据任务中已有的信息，该任务试用哪一种方法计算成新率？（查阅本学习任务的学习参考资料）

(4)运用综合分析法评估车辆价值应确定车辆的哪些用车情况？它们之间的权重是如何分配的？（查阅本学习任务的学习参考资料中表5-9）

(5)综合分析法评估车辆价值的公式。（查阅本学习任务的学习参考资料）

二、工作场所

一体化教室。

三、工作器材

车辆，计算器、纸张、有互联网网功能的计算机。

 计划与实施

(1)进行评估车辆证件资料、车辆确认工作。

(2)在教师的引导下分组，以小组为单位学习相关知识，并完成表5-5中的任务。

各小组完成的工作内容和结果　　　　　　　　　　　　表5-5

步骤	工作内容	工作结果
1	任务中该车的重置成本应由哪部分费用构成	
2	该车新车购置税应如何计算	
3	二手车成新率是什么含义	
4	运用成新率法计算该车价值	
5	根据任务中该车已有信息，适用计算该车成新率的公式是什么	
6	计算该车成新率	
7	综合分析法计算车辆价值应使用车辆哪些状况信息，权重如何分配	
8	写出综合分析法计算车辆价值的公式	
9	计算车辆价值	
10	计算该车的功能性贬值	
11	计算该车的评估价值	
12	对比成新率计算法与综合分析计算车辆价值的结果，分析两者的优缺点	

①各小组派1人演算计算过程，1人讲解运算思路。

②教师点评各组计算过程及运算结果，明确正确的计算结果。

③各组根据教师给出的正确结果自行修改运算结果，反思运算过程。

评价与反馈

一、学习效果评价

1. 知识考核(判断题)

(1) 9座(含)以下非营运载客汽车使用年限为(   )。

　　A. 10年　　　B. 8年　　　　C. 15年　　　D. 20年

(2) 旅游载客汽车和9座以上非营运载客汽车使用年限为(   )。

　　A. 10年　　　B. 8年　　　　C. 15年　　　D. 20年

(3) 载客汽车使用年限为(   ),达到报废年限后需继续使用的,可延长使用。

　　A. 10年　　　B. 8年　　　　C. 15年　　　D. 20年

(4) 我国相关法规已使用年限的界定是取(   )的年数。

　　A. 车辆出厂日

　　B. 车辆购买日

　　C. 车辆在公安交通管理机关注册登记之日

　　D. 车辆正式上路行驶之日

(5) 一般用于二手车的价格粗估或价值不高的二手车价格的评估方式是(   )。

　　A. 使用年限法　　　B. 部件评估法　　　C. 综合分析法

(6) 一般适用于价格较高的车辆的评估的方式是(   )。

　　A. 使用年限法　　　B. 部件评估法　　　C. 综合分析法

(7) 适用于具有中等价值的二手车评估方式是(   )。

　　A. 使用年限法　　　B. 部件评估法　　　C. 综合分析法

2. 技能考核

某机电设备公司一辆富康出租车,初次登记日期为2008年7月,2013年7月到旧车交易中心欲对外转让,已知该车车型当时新车销售价格为9.8万元,适用的车辆购置税为10%,该车工作性质为城市出租运营车辆,常年工作在市区或郊区,工作繁忙,工作条件较好。经过外观检查,日常维护较差;技术状况较差。使用综合分析评估该车的价值。

填写学生实践记录表,见表5-6。

学生实践记录表　　　　　　　　　　　　　　　　　　　　表5-6

班级		汽车品牌	
姓名		汽车车型	
学号		使用年限	
实践项目		实践设备	
实践流程			

续上表

结果分析	
意见与建议	
自我评价	良好☐　　合格☐　　不合格☐
教师评价	良好☐　　合格☐　　不合格☐ 教师姓名：　　　　　　　　　　　　　年　月　日

二、学习过程评价

在完成本单元所有学习任务后,通过小组会的形式进行总结和思考(表5-7)。

学习过程评价反馈表　　　　　　　　表5-7

序号	评 价 项 目	学习任务的完成情况	签　　名
1	工作页的填写情况		
2	独立完成的任务		
3	小组合作完成的任务		
4	教师指导下完成的任务		
5	是否达到了学习目标,特别是能否独立完成二手车成新率和重置成本的计算,计算公式使用是否正确,结果是否正确		
6	存在的问题及建议		

学习参考资料

重置成本法基本计算公式2：

$$被评估车辆的评估值 = 重置成本 \times 成新率$$

一、成新率的概念

成新率是指被评估车辆新旧程度的比率。旧机动车成新率是表示旧机动车的功能或使用价值占全新机动车的功能或使用价值的比率。它与有形损耗一起反映了同一车辆的两方面。成新率和有形损耗率的关系是：成新率 = 1 − 有形损耗率

二、二手车成新率的确定方法

确定二手车成新率的方式有使用年限法、部件评估法、综合分析法等。确定成新率是二手车价格的重要一环。

1. 使用年限法

使用年限法方法简单,容易操作,一般用于二手车的价格粗估或价值不高的二手车价格的评估。

(1)计算公式:

$$成新率 = [1 - (规定使用年限 \div 已使用年限)] \times 100\%$$

(2)《汽车报废标准》中对车辆使用年限的规定:

①9座(含)以下非营运载客汽车(包括轿车、越野车、轻型小客车、轻微型旅行车等)使用年限为15年。

②旅游载客汽车和9座以上非营运载客汽车使用年限为10年。

③载客汽车使用年限为10年,达到报废年限后需继续使用的,可延长使用。

(3)已使用年限的界定。已使用年限取车辆新车在公安交通管理机关注册登记之日的年数。

2. 部件评估法

部件评估法一般适用于价格较高的车辆的评估。

(1)含义:部件评估法是对机动车按照其组成部分对整车的重要性和价值量大小来加权评分,最后确定成新率的一种方法。

(2)基本步骤:

①将车辆分成几个部分的总成部件,再根据各总成部件的价值占整车价值的比例,按一定百分比确定权重。

②以全新车辆对应的功能标准为满分100分,其功能完全丧失为0分,再根据若干总成、部件的技术状况估算各总成部分的成新率。

③将各部分总成部件的成新率与权重相乘,即可得到各总成部件的成新率。

④最后将各总成部件权重成新率相加,即可得到被评估车辆的成新率。

(3)用部件评估法计算二手车成新率实例。

经过技术评估,评估人员认为某辆二手车的部件成新率及权重见表5-8,计算该车的成新率。

某辆二手车的部件成新率及权重　　　　表5-8

部 件 总 成	成新率(%)	权重(%)
发动机及离合器总成	40	28
变速器及转动轴总成	60	10
前桥及转向器前悬总成	50	10

续上表

部 件 总 成	成新率(%)	权重(%)
后桥及后悬架总成	30	10
制动系统	60	5
车架总成	46	5
车身总成	50	22
电器仪表系统	40	6
轮胎	40	4

该车部件评估成新率为：

28%×40%+10%×60%+10%×50%+10%×30%+5%×60%+5%×46%+22%×50%+6%×40%+4%×40%

= 0.112 + 0.06 + 0.05 + 0.03 + 0.03 + 0.023 + 0.11 + 0.024 + 0.016

= 0.455

= 45.5%

3. 综合分析法

综合分析法是以使用年限法为基础，再综合考虑到影响二手车价值的多种因素，以系数调整确定成新率的一种方法，综合分析法较为详细地考虑了影响二手车价值的各种因素，并用一个综合调整系数指标来调整车辆成新率，评估值准确度较高，因而适用于具有中等价值的二手车评估。这是旧机动车鉴定评估最常用的方法之一。

计算公式如下：

成新率 =（1 - 已使用年限/规定使用年限）× 综合调整系数 ×100%

运算实例：2013年6月，某市张先生转让一辆桑塔纳2000-MT（时代超人）轿车，该车已经使用2年。经过与张先生洽谈并进行技术评估，了解车辆情况并分析如下。

(1) 基本情况。车辆生产厂家：上海大众汽车有限公司，排量1.8L，水冷直列四缸冲程多点喷射发动机，累计行驶里程4.8万km。工作性质属于个人私家用车，账面原值25万元，无大修记录，工作条件一般，维修情况一般，现时状态在用良好。事故情况前门有轻度撞伤，已修复，现时技术状况较好。经现场手续检查，核对实物，证照齐全有效。

(2) 对车辆进行静态和动态的技术状况评估。该车属于国产名牌，来源为私人用车，使用强度正常，工作条件一般，维护正常，整车动力性、经济性、可靠性、排放污染等于车辆新旧程度相适应。前车撞伤修复后无损整车车况，技术状况良好。

(3) 采用综合分析法计算成新率，得到数据见表5-9。

车辆状况等级分析表　　　　　　　　　　　表 5-9

影响因素	因素分级	调整系数	权重（%）
技术状况	较好	0.9	30
维修	一般	0.8	25
制造质量	国产品牌	0.9	20
工作性质	私用	1	15
工作条件	一般	0.8	10

（4）运用公式计算如下：

成新率 =（1－2/15）×［技术状况 0.9×30%＋（维护 0.8×25%）＋
　　　　（工作性质 1×15%）＋（工作条件 0.8×10%）＋
　　　　（制造质量 0.9×20%）］×100%
　　　＝76%

（5）计算该车辆的评估价值。

根据现行市场行情，桑塔纳 2000-MT（时代超人）轿车重置成本为 16.45 万元。所以该车辆的评估价值为：

评估价值 = 重置成本 × 成新率 = 16.45 × 76% = 12.5（万元）

参 考 文 献

[1] 乔文山,艾锋.二手车鉴定与评估[M].北京:清华大学出版社,2013.
[2] 刘仲国.二手车交易与评估[M].2版.北京:机械工业出版社,2013.
[3] 孙乃谦.二手车评估与贸易一体化项目教程[M].上海:上海交通大学出版社,2012.
[4] 庞昌乐二手车评估与交易实务[M].北京:北京理工大学出版社,2007.
[5] 明光星厉承玉二手车鉴定评估使用教程[M].北京:机械工业出版社,2013.
[6] 裘文才二手车评估与交易[M].北京:人民邮电出版社,2011.
[7] 张南峰二手车评估与交易[M].北京:人民邮电出版社,2010.